板書で見る 算数

全単元・全時間の授業のすべて

小学校 **3**年 下

田中博史 監修
尾﨑正彦 編著
筑波大学附属小学校算数部 企画・編集

東洋館
出版社

算数好きを増やしたいと願う教師のために
―プロの授業人集団の叡智を結集した『板書で見る全単元・全時間の授業のすべて』―

　子どもたちに楽しい算数の授業を届けたいと願う，全国の算数授業人の同志から叡智を集めて，算数の板書シリーズの下巻をここに完成させることができました。

　上巻の２年から６年については，算数授業の達人と称される面々に一冊丸ごと執筆してもらいました。２年山本良和，３年夏坂哲志，４年大野桂，５年盛山隆雄（ここまで筑波大学附属小学校），そして６年は尾﨑正彦（関西大学初等部）の各先生です。

　いずれも個性派ぞろいで，力強い提案性あふれる作品を仕上げてくださいました。

　１年については田中博史が監修し，中田寿幸，森本隆史（ここまで筑波大学附属小学校），小松信哉（福島大学），永田美奈子（雙葉小学校）の各先生の共同執筆で制作しました。

　これは複数のメンバーの叡智を集めて構成する下巻の見本となるようにと考えた試みでした。お陰様でいずれの巻も読者の先生方の厚い支持をいただくことができ，発売してすぐに重版することになりました。この場を借りて深くお礼を申し上げる次第です。

　さて，冒頭でも述べたように，下巻の各学年のシリーズは全国の先生方の参加をいただいてつくり上げました。それぞれ，全国算数授業研究会をはじめとする諸団体で活躍されている面々です。

　ある先生に尋ねると，日々の授業づくりでも，この板書の形式でプランを立てることがとても多いのだそうです。研究授業などでは，指導案の形式でプランを立てるのだけど，それと比較すると板書形式で計画を立てるときは，細かな子どもとのやり取りまでを想起することになるため，表組みの指導案だけのときでは気が付かないこともたくさんあるとのこと。

　これこそが，まさしく，我々が板書形式の本をつくろうと思い立った理由の一つでもあるのです。

　最初に提示する問題は，どのぐらいのスペースを使って書くと子どもから見やすいのだろうか。子どもがそれをノートに書き写すとしたら，どのぐらいの長さで改行するといいのだろうか。さらにどこまで一気に書き，どこで待つのか。

　問題文を書くという行為のところだけでも，ずいぶん考えることがたくさんあることに改めて気が付くと思います。

　さらに，子どもたち一人ひとりの問題への取り組みを見つめていると，途中で教師が課題を整理したり，子ども自身に書かせるためのスペースを意識したりと全体のレイアウトにも配慮をしておくことが必要になります。

　この場面では，こんな子どものつぶやきが欲しいなと思って，それを吹き出しの形式で書き込んでみると，実はその直前の自分の問いかけでは，そんな声は期待できないなと改めて自分の発問の不備にも気が付く瞬間があります。

一枚の板書に自分の実現したい授業をイメージして投影することで，板書には表れていない教師と子どもの対話もこうして具体的に想起することができる，この教師の地道な準備こそ，多岐にわたる子どもに対応できる力につながるものだと考えるのです。

　つまり本来は，板書によるプランづくりから各先生に体験していただくのが理想です。

　しかし，全ての先生が算数を専門にしていらっしゃるわけではありません。日々8教科の準備に慌ただしく取り組まなくてはならない先生方がゼロから準備するのでは大変でしょう。ですから本書に示した板書形式による授業プランを，まずはサンプルとして使っていただければいいと考えます。

　ここには，実力ある算数教師の足跡が残されていますので，もちろんあるときはそっくりそのまま試してみるだけでも価値があります。でも，書かれている子どもの姿とのずれを感じることもきっとあるでしょう。そのときはそれを本書のそのページに書き込んでおきましょう。またあるときは，目前の子どもに合わせてアレンジし直して使ってみることもできます。

　本書の板書のページに自分のクラスの子どものつぶやきなど，想定できるものを赤字で書き込んでみたり，提示の順番の入れ替えを矢印で書き込んでみたり，さらには予想される子どもの反応を加筆したり削除したり……。

　こうすることによって，読者の先生方のクラスの子どもの実態により即したものへと変容させることができます。試してみて，やはり元通りがよかったと思えば青いペンで書き込んでおくとか，変えた方がうまくいったなと思ったらそれを赤字で強くマークしておくとか……。このたくさんの書き込みあふれる全単元・全時間の丸ごと一冊の記録を，後輩に引き継いでいくと，本当の意味での算数授業のデータベースづくりになります。

　私たちがこの板書シリーズを作成したときのもう一つの目的は，実はこの優れた授業プランのデータベース化でした。1時間だけではなく全時間がそろっていることの大きな価値です。それも表組みではなく，ビジュアルな形式での蓄積がなされれば，役に立つと考えたのです。それぞれの学校の教師の叡智あふれる一冊が続々と誕生していけば，今求められている各校独自のカリキュラム・マネジメントが実現できる教師力の向上にもきっと寄与することでしょう。

　本書が日々の授業づくりに役立つだけではなく，明日の，さらには来年のよりよい授業づくりの構築へとつながっていくものになればこんなに素晴らしいことはありません。

　最後に，本シリーズの企画から完成までの日々をずっと支え続けていただいた東洋館出版社の畑中潤氏，石川夏樹氏には心より深く感謝申し上げる次第です。

令和2年7月

板書シリーズ算数　総合企画監修

「授業・人」塾　代表　田中　博史

前筑波大学附属小学校副校長・前全国算数授業研究会会長

板書で見る
全単元・全時間の授業のすべて
算数　3年下

目　次

板書で見る全単元・全時間の授業のすべて
算数 <small>小学校 3 年下</small>
目次

本書活用のポイント

　本書は読者の先生方が，日々の授業を行うときに，そのまま開いて教卓の上に置いて使えるようにと考えて作成されたものです。1年間の算数授業の全単元・全時間の授業について，板書のイメージを中心に，展開例などを見開きで構成しています。各項目における活用のポイントは次のとおりです。

題　名

　本時で行う内容を分かりやすく紹介しています。

目　標

　本時の目標を端的に記述しています。

本時の板書例

　45分の授業の流れが一目で分かるように構成されています。単なる知識や技能の習得のためだけではなく，数学的な見方・考え方の育成の視点からつくられており，活動の中でのめあての変化や，それに対する見方・考え方の変化，さらには友達との考え方の比較なども書かれています。
　また，吹き出しは本時の数学的な見方・考え方につながる子どもの言葉となっており，これをもとに授業を展開していくと効果的です。

授業の流れ

　授業をどのように展開していくのかを，4～5コマに分けて紹介しています。
　学習活動のステップとなるメインの吹き出しは，子どもが主体的になったり，数学的な見方・考え方を引き出すための発問，または子どもの言葉となっており，その下に各留意点や手立てを記述しています。
　青字のところは，授業をうまく展開するためのポイントとなっています。予想される子どもの発言例は，イラストにして掲載しています。

本時案 [授業DVD]

好きな果物3位は何かな？ 1/10

本時の目標
・好きな果物調べの順位を正確に答えるためには，データを表に整理することで，順位や人数が分かりやすくなることに気付くことができる。

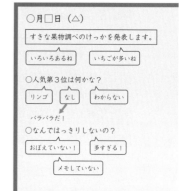

授業の流れ

1 好きな果物調べの結果を発表！

- 3位は一体なんなの？
- 情報が多すぎだよ
- メモしていないからよく分からない
- メモするからもう1回聞きたい

　事前に行った好きな果物調査の結果を発表する。その発表直後に，「人気第3位」を尋ねる。中途半端な3位を問うことで，子どもの考えにズレが生まれる。そこからメモや情報を整理する必要性を引き出していく。

2 もう1回結果を発表します

　好きな果物調査第3位の結果がバラバラだったことから，「もう1回結果を聞きたい」と子どもは考える。しかし，結果を聞く前にノートに果物名を整理（メモ）したいと考える。
　ノートに整理する時間を与えた後，「果物の名前を書いてどうするの？」と尋ねる。数字や正の字で発表結果を素早くメモしていきたいという思いを引き出していくことが大切である。

3 メモの準備ができたら発表開始！

- 表だと3位がぶどうだと分かるね
- 1位2位の他の順位もすぐに分かるね
- 表は分かりやすいね

　ノートにメモ欄が完成したら，アンケート結果を再度発表する。子どもたちは，メモ欄に発表の度に記録をしていく。発表後，メモ欄を見ると，3位がぶどうであることがすぐに分かる。他の順位も一目瞭然となる。表に整理するよさを実感させることが大切である。

好きな果物3位は何かな？
144

実際の板書

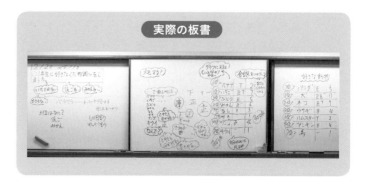

本時の評価
・好きな果物人気3位の答えにズレが生まれた理由を考える活動を通して，各アンケートのデータを表などに整理することで順位が明確になることに気付くことができたか。
・アンケートをまとめていくには，表に項目を書き出した後に「正」の字などの簡略した記号を使うことで簡単に整理できることに気付くことができたか。

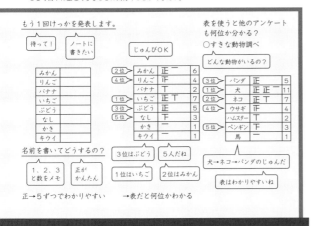

もう1回けっかを発表します。

待って！

ノートに書きたい

じゅんびOK

表を使うと他のアンケートも何位か分かる？

○すきな動物調べ

どんな動物がいるの？

みかん		
りんご		
バナナ		
いちご		
ぶどう		
なし		
かき		
キウイ		

2位	みかん	正一	6
4位	りんご	正	4
	バナナ	丁	2
1位	いちご	正丁	7
3位	ぶどう	正	5
5位	なし	下	3
	かき	一	1
	キウイ	一	1

3位	パンダ	正	5
1位	犬	正正一	11
2位	ネコ	正丁	7
	ウサギ	下	4
	ハムスター	丁	2
5位	ペンギン	下	3
	馬	一	1

名前を書いてどうするの？

1、2、3と数をメモ

正がかんたん

3位はぶどう

5人だね

1位はいちご

2位はみかん

犬→ネコ→パンダのじゅんだ

表はわかりやすいね

正→5ずつでわかりやすい

→表だと何位かわかる

4 他のアンケートも何位か分かる？動物調べを発表します

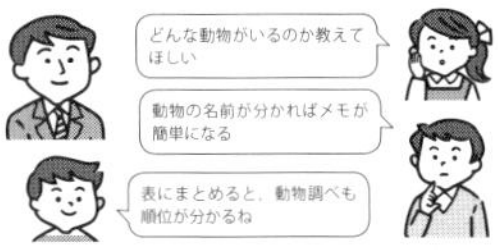

どんな動物がいるのか教えてほしい

動物の名前が分かればメモが簡単になる

表にまとめると，動物調べも順位が分かるね

表のよさを実感した子どもたちに，他のアンケートでも表が分かりやすいのかを尋ねる。好きな動物調べの結果を例示する。表に整理するために動物の項目を事前に知りたいという声が生まれることを期待したい。表に整理すると，この調査も人気順位が一目瞭然となる。

まとめ

好きな果物調べ結果を，「みかん」「りんご」……などと発表する。その後，中途半端な順位の人気3位を尋ねると，子どもの反応にズレが生まれる。このズレの原因を問いかけることで，「メモをしたい」「表に整理したい」という表にまとめる必要感を引き出していくことが大切である。
表を使わせるのではなく，表を使いたくなる状況を設定するのである。表に整理することで，全ての人気順位が一目瞭然となる表のよさを実感させていきたい。

第1時
145

（右側の欄外の単元番号）
10 小数
11 重さ
12 分数
13 □を使った式
14 2桁のかけ算
15 倍の計算
16 二等辺三角形・正三角形・角
17 表とグラフ
18 そろばん
19 3年のまとめ

評価

本時の評価について1～3項目に分けて記述しています。

準備物

本時で必要な教具及び掲示物等を記載しています。

まとめ

本時の学習内容で大切なところを解説しています。授業の終末，あるいはその途中で子どもから引き出したい考えとなります。

特典DVD

具体的な授業のイメージをより実感できるように，実際の授業を収録したDVD（1時間分）がついています（本書は左の事例）。

単元冒頭頁

各単元の冒頭には，「単元の目標」「評価規準」「指導計画」を記載した頁があります。右側の頁には，単元の「基礎・基本」と育てたい「数学的な見方・考え方」についての解説を掲載。さらには，取り入れたい「数学的活動」についても触れています。

本書活用のポイント
009

本書の単元配列／3年下

単元（時間）	指導内容	時間
10　小数 （10）	第1次　小数の表し方 第2次　小数の仕組み 第3次　小数のたし算とひき算	3時間 3時間 4時間
11　重さ （9）	第1次　重さの比べ方 第2次　はかりの使い方	3時間 6時間
12　分数 （10）	第1次　分数の意味とその表し方 第2次　分数の仕組み 第3次　分数のたし算とひき算 第4次　まとめ	4時間 3時間 2時間 1時間
13　□を使った式　（4）	第1次　□を使った式と相互関係	4時間
14　2桁のかけ算 （10）	第1次　何十をかけるかけ算 第2次　2桁×2桁 第3次　3桁×2桁 第4次　暗算，習熟・まとめ	2時間 4時間 2時間 2時間
15　倍の計算　（3）	第1次　倍の計算	3時間
16　二等辺三角形・ 　　正三角形・角（8）	第1次　二等辺三角形と正三角形 第2次　角	5時間 3時間
17　表とグラフ （10）	第1次　棒グラフとその表し方 第2次　棒グラフの目盛りと積み上げグラフ 第3次　二次元表	5時間 2時間 3時間
18　そろばん　（2）	第1次　そろばん	2時間
19　3年のまとめ （4）	第1次　「数と計算」領域の学習のまとめ 第2次　「測定」領域の学習のまとめ 第3次　「データの活用」領域の学習のまとめ 第4次　間の数の問題	1時間 1時間 1時間 1時間

I

第 3 学年の
授業づくりのポイント

1 第 3 学年下巻の内容

第 3 学年の下巻に収められている内容は，以下の単元である。

> 10 小数　11 重さ　12 分数　13 □を使った式　14 2 桁のかけ算
> 15 倍の計算　16 二等辺三角形・正三角形・角　17 表とグラフ　18 そろばん
> 19 3 年のまとめ

　これらの単元に関する内容を，学習指導要領をもとに概観すると次のようになる（〈測定〉は下巻には該当単元なし）。

〈数と計算〉

10 小数
○小数の意味や表し方について理解し，加法及び減法の計算ができるようにするとともに，小数の表し方や仕組み，計算の仕方を整数の十進構造と関連付けて考えることができる。
・小数の意味
$\frac{1}{10}$の位までの端数の表し方
・小数の加法，減法

12 分数
○分数の意味や分数を用いた大きさの表し方を理解し，分数の加法及び減法の計算ができるとともに，分数での端数の表し方や小数との関係を考えることができる。
・分数の意味
操作を表す分数：具体物を 3 等分したものの 2 つ分の大きさ（$\frac{2}{3}$）
量としての分数：$\frac{2}{3}$m，$\frac{2}{3}$L のように，測定した量の大きさ
単位分数のいくつ分：1 を 3 等分したものの 2 つ分の大きさ
・簡単な場合の分数の加法，減法

13 □を使った式
○未知の数量を表す□を用いて数量の関係を式に表すことについて理解し，数量の関係を式に表したり，□にあてはまる数を調べる方法を考えたりすることができる。
・□を用いた式
未知の数量を□などの記号を用いて表現し，問題場面どおりに数量の関係を立式し，□にあてはまる数を調べる。

14 2 桁のかけ算
○ 2 ～ 3 位数に 2 位数をかける乗法の計算について理解し，その計算が確実にできるようにし，乗法について成り立つきまりについて理解することができる。
・2 位数や 3 位数に 1 位数や 2 位数をかける乗法の計算
既習の乗法の意味や，十進位取り記数法や乗法九九などをもとにして，新しい計算の仕方を考え

る。

　・乗法の交換法則，結合法則，分配法則

15 　倍の計算

○数量の関係や倍の意味について理解し，比較量や基準量，割合を求められるようにするとともに，数学的表現を適切に活用して倍の意味を図や式を用いて考えることができる。

　・倍の意味

18 　そろばん

○そろばんによる数の表し方について理解し，そろばんを用いて簡単な加法・減法の計算ができる。

　・そろばん

19 　3年のまとめ（間の数の問題）

○問題場面を理解し，適切に図に置き換えたり立式したりして計算することができる。

　・問題場面の読解

〈図形〉

16 　二等辺三角形・正三角形・角

○平面図形の特徴を図形を構成する要素に着目して捉える。また，具体物を操作しながら形を構成したり分解したりして，図形を構成する要素に着目しながらその性質を見いだすことが大切である。

　・二等辺三角形，正三角形

　・角

〈データの活用〉

17 　表とグラフ

○日常の事象について，観点別にデータを分類整理することについて理解し，表や棒グラフに表したり読み取ったりすることができる。

　・データの分類，整理と表

　・簡単な二次元表

　・棒グラフ

2 　本書に見る，数学的活動の具体例

　学習指導要領では，次のような数学的活動に取り組むことが記されている。

　ア　身の回りの事象を観察したり，具体物を操作したりして，数量や図形に進んで関わる活動

　イ　日常の事象から見いだした算数の問題を，具体物，図，数，式などを用いて解決し，結果を確かめる活動

　ウ　算数の学習場面から見いだした算数の問題を，具体物，図，数，式などを用いて解決し，結果を確かめる活動

　エ　問題解決の過程や結果を，具体物，図，数，式などを用いて表現し伝え合う活動

　数学的活動とは，子どもが目的意識をもって主体的に学習に取り組むことである。この活動を通す

ことで，基礎的・基本的な知識及び技能を着実に身に付けるとともに，数学的な思考力，判断力，表現力等を高め，算数に関わりをもったり，算数を学ぶことの楽しさを実感したりできることが大切である。

これらに関する事例は，本書にも掲載されている。

10 小数　第1時「端数部分の表し方を考えよう」

「10個で□点ブロックゲットゲームをしよう」と投げかける。2人1組でブロックをじゃんけんで取り合うゲームである。数分後，ゲームを中断させ「ゲームの得点はブロックが10個で1点」とすることを伝える。この場面では，「41個だった光さんは何点になるの？」という素直な声を引き出すことが大切になる。この声を教師はキャッチし，子どもにそのまま投げ返すのである。「40個は4点」は全員が納得する。中途半端な残りの1個の得点表記が問題になる。「10個ないんだから0点」「10個ないけど，0個ではないんだから少しは点数がほしい」というズレを引き出し，クラス全員の問いとして焦点化することが大切である。これこそ子どもが問題意識をもって，考え始めた瞬間だと言える。

小数の学習では，端数の表し方を形式的に教えるのではなく，このように子ども自らが端数の表し方を考えたくなるような場面設定を行うことが大切である。

子どもたちは，2年生で分数を学習している。この場面で，「1点の$\frac{1}{10}$だよ」という声を引き出していくことも大切である。既習の学習と関連付けて解決方法を考えることは，この場面では分数の学習を発展的に考えたと捉えることができる。小数の表記の仕方自体は教える内容であるが，このように子どもから端数を表記する必要感，さらに分数と関連付ける見方・考え方が生まれた後で説明していくのである。これが小数の意味を真に理解することにつながっていく。

板書「小数」第1時

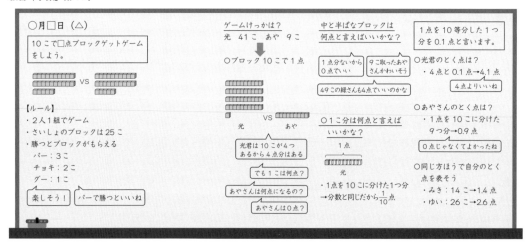

12 分数　第10時「$\frac{1}{4}$って$\frac{1}{4}$m？」

1mを4等分したテープ⑦と，2mを4等分したテープ④を提示し，「$\frac{1}{4}$するmはどちらでしょうか」と尋ねる。⑦は全員が$\frac{1}{4}$mと納得をする。一方，④は子どもの考えにズレが生まれる。量分数として見たら，明らかに$\frac{1}{4}$mではない。しかし，分割分数で捉えてしまうと，色が塗られた部分は$\frac{1}{4}$である。「$\frac{1}{4}$」であって「$\frac{1}{4}$m」ではない。しかし，この両者を明確に区別できないのが3年生の実態である（実は，この問題は高学年でも半数近い子どもが間違える）。このような素直な子どものズレこそ，本時の中核となる問いである。

授業ではこの問いを，そのまま子どもたちに投げかける。子どもたちは，お互いの主張を強烈に主張してくる。子どもが主体的に問題解決に向かう姿が見られる。この場面では，分割分数で捉える子どもの意識を変革することが必要になる。ここで大切になるのが㋐のテープである。㋐を$\frac{1}{4}$mと全員が納得できる理由を考えさせると，「だって1mを4等分した1つ分だから」と，量分数の意味に立ち返った説明が生まれてくる。この見方・考え方を価値付けることが大切である。この見方・考え方を㋑に当てはめると，基準量となる1mがテープの中に2つ分あることが分かる。従って，㋑は1mを2等分した1つ分なので，$\frac{1}{2}$mじめることが見えてくる。

　もし，㋑が$\frac{1}{4}$mだとしたら矛盾が生じることに気付かせる方法もある。$\frac{1}{4}$mだとしたら，2mのテープ全体は$\frac{4}{4}$mとなる。$\frac{4}{4}$mは1mである。しかし，実際のテープの長さは2mである。矛盾してしまう。

板書「分数」第10時

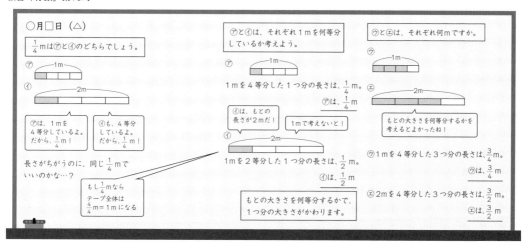

⑪　重さ　第2時「一番重いのはどれかな？」

　3年生の重さの学習で，子どもたちは「g」「kg」などの普遍単位を学習する。これらの普遍単位自体は，教師が教える内容である。しかし，だからと言って普遍単位を一方的に教えるのではなく，子どもがその単位の必要性を感じるような展開が大切である。教える内容であっても，そこに子どもの主体的な学びを具現していく展開が大切である。

　本時は，「あなたの消しゴムは何番目」と投げかける。前時で子どもたちは，ハサミ・のり・ペン・スポンジの重さ比べを天秤を使って行い，それぞれの重さの順位を明確化した。本時は，自分の消しゴムの重さが，これらの文具のどれに近いかをまずは考えさせる。

　その後，「この中で一番重いのはこの人かな」とハサミの場所に貼られているネームプレートの1枚を無作為に取り上げる。子どもからは，「そうとは限らない」「全員の消しゴムを調べないと，はっきりとしない」と声が上がる。このように全員の重さを調べたいという声を引き出すことが，主体的な学びへつなげるためにも大切である。

　では，全員の消しゴムの重さをどうやって比べるのか。前時で使った天秤では，莫大な時間がかかる。「天秤では面倒だ」「もっと簡単に調べられないかな」「長さのときみたいに，みんなが付ける単位はないかな」という声を引き出していきたい。「g」「kg」などの普遍単位は未習であるが，長さやかさの普遍単位は学習済みである。その学習を，重さにも適用できないだろうかという見方・考え方を引き出し価値付けることが大切である。

　本時では，1円玉を使って重さを数値化する。数値化が重さを表記したあとには，「数字で表すと

すぐに順位が分かるね」という数値化のよさへの気付きの声も引き出していきたい。数値化することで，そのままでは見えない重さの比較が見えるようになるからである。

板書「重さ」第2時

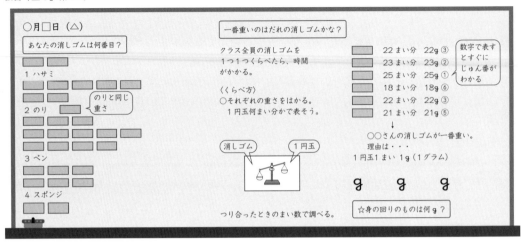

14 　2桁のかけ算　第6時「2□×2□のかけ算の筆算をしよう」

　2桁をかけるかけ算の筆算の学習では，単元後半になると習熟のために機械的な計算練習になってしまうことがある。たとえ習熟場面であっても，子どもたちが主体的に計算練習に向かう姿を引き出すことが大切である。

　「2□×2□のかけ算の筆算をしよう」と子どもたちに投げかけ，□に入る数値を子どもに決めさせる。子どもが関わる部分をつくることも，主体的な学びを引き出す布石となる。もし「7」が発表されたら，27×27の計算に取り組ませる。次の問題は教師から提示する。27×27を少し変えた28×26である。この式を提示した瞬間，「答えは同じ。だって，かけられる数は1増えたけど，かける数は1減っているから」などの声が生まれてきたら，それらを取り上げることも大切である。この考えの背景には，加法の計算のきまりがある。例えば9＋7と10＋6の答えは同じになる。同じと考える論理が背景にあることをクラス全体で読解していくことも大切していきたい。

　さて，実際に計算を行うと答えは等しくはならない。1違いの答えになる。その後，同様に計算を進めていく。21×21と22×20も1違いの答えになる。23×23と24×22も1違いの答えとなる。これらの複数の答えの組み合わせの事実が見えてきた時点で，今度は「きまりがある」「いつでも答えは1違いになっている」という声が生まれてくる。機械的な計算練習の結果の中から，帰納的にきまりを見いだしたのである。受動的だった計算練習から，主体的にきまりを見つける姿へと転換した瞬間だとも言える。

　きまりを発見した子どもたちは，さらに主体的に動き出す。「25×25でも，1違いになるかな」「35×35のように，十の位が2じゃなくても1違いになるのかな」と，新たな追究したい課題が見えてくるのである。ここから先は，子どもに自由に計算させていく。子どもたちは，時間を忘れて次々とノートに自分が考えた式で計算の実験を進めていく。このような姿を引き出すことが，習熟場面においても大切である。

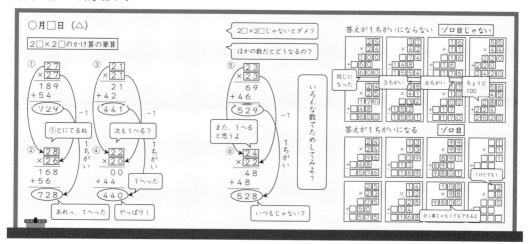

17 表とグラフ 第3時「少ないデータが多すぎたら…」

「好きな食べ物調べの結果を発表します。棒グラフにしてみよう」と投げかける。子どもたちが作成するグラフ用紙は，意図的に横8マス分のものを与える。アンケートで発表された好きな食べ物は，11種類である。グラフ用紙には入りきらない。しかし，子どもは実際に棒グラフを作成し始めないとその事実には気付かない。本時で大切なことは，その気付きが生まれる瞬間を待つことである。教師が先回りして「全部入らないよ」と教えてしまっては，せっかくの子どもの発見のチャンスや，主体的に動き出すチャンスを見捨ててしまうことになる。

グラフを作成し始めると，やがて「あれ，入らない」という声が上がる。この声をクラス全体に投げかけ，その意味を全員で共有していくことが大切である。8マスしかないのに，11種類を収めることはできない。この事実を共有していく。これが本時の問いとなる。

棒グラフが入りきらなかったら，どうしたらよいのか。子どもからは様々なアイデアが生まれるであろう。それらの中で，「1人しかいない食べ物をまとめる」というアイデアの意味を全員で読解していく。これまでのグラフの学習では，全ての情報をそのままグラフ化してきた。しかし，このアイデアはそれとは異なるものだからである。

「その他」として1つにまとめることに，子どもたちも納得する。そこで，「その他」を入れたグラフをつくらせる。すると，新たな問いが生まれてくる。「その他」は5人，「ハンバーグ」5人，「からあげ」は2人である。「その他」の棒をどこに位置付けるかである。ハンバーグと同じ場所の考えと，一番右端の考えとズレが生まれる。

この問いも子どもたちに考えさせる。棒グラフはデータの多い順に左から位置付けていくことが既習である。しかし，「その他」は1人の集合体である。この事実に目を向けることができれば，「その他」を右端に位置付けることに納得ができる。

「『その他』は右端」と教師が教えてしまえば，そこには子どもが主体的に考える場面は生まれない。しかし，本時のように展開することで，「その他」の意味自身を子どもが考え，既習の見方・考え方とつなげながら子ども自身から生まれた問いを乗り越えていくことができるのである。

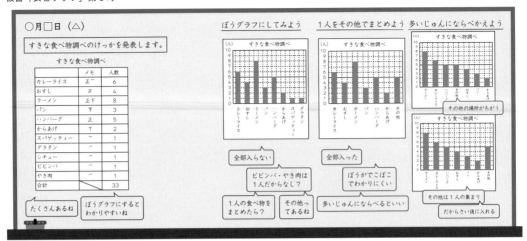

　本書には，他にもたくさんの展開例・板書例が紹介されている。「この授業で，こんな子どもの姿を引き出したい」という思いを読み取り，それぞれの学級の実態に即した工夫を加えることにより，よりよい授業が展開できるのではないかと期待している。

Ⅱ

第3学年の算数
全単元・全時間の板書

10 小数 （10時間扱い）

単元の目標
・整数の十進位取り法と関連付けながら小数の意味や表し方について理解し，加法や減法の計算の仕方についても整数と関連付けながら考え，計算することができる。

評価規準

知識・技能	○小数の意味とその表し方，小数の計算の仕方を理解することができる。 ○小数の構成や大きさなどについての豊かな感覚をもち，$\frac{1}{10}$の位までの小数の加法，減法の計算ができる。
思考・判断・表現	○小数の表し方や計算の仕方を，整数の表し方や計算の仕方をもとに考える力を養う。
主体的に学習に取り組む態度	○小数の仕組みに関心をもち，進んで小数で表そうとする態度を養う。

指導計画 全10時間

次	時	主な学習活動
第1次 小数の表し方	1	1より小さい端数部分の大きさの表し方を，既習の単位の学習に着目して考え，説明することができる。
	2	小数は1を10等分した大きさ0.1のいくつ分で表され，整数と同じ仕組みであることに気付くことができる。
	3	長さやかさなどの大きさを，小数を使って表すとともに，位取りの考え方とつなげて考えることができる。
第2次 小数の仕組み	4	小数を数直線上に位置付け，小数が十進数であることや小数と整数の連続性などの理解を深めることができる。
	5	小数の大小関係を考える活動を通して，小数の仕組みをもとに考えたり数直線に表したりすることができる。
	6	小数ブロックゲームを通して，小数を相対的，構成的に見て，数の見方を深めることができる。
第3次 小数のたし算とひき算	7	小数の表し方と仕組みに着目し，整数のたし算と関連付けて小数のたし算の計算方法を考えることができる。
	8	小数の表し方と仕組みに着目し，整数のひき算と関連付けて小数のひき算の計算方法を考えることができる。
	9	小数第一位までの小数の加減法の筆算の仕方を，整数の筆算と関連付けながら理解し，計算をすることができる。
	10	小数ゲームを通して，小数のたし算・ひき算の習熟を図るとともに，ゲームの秘密に気付くことができる。

単元の基礎・基本と見方・考え方

(1)整数の十進位取りの見方・考え方と関連付ける

　1よりも小さい端数部分の大きさを表すのに小数や分数が用いられる。分数が等分してできる大きさのいくつ分で表されるのに対して、小数は整数の十進位取り記数法での見方・考え方を1よりも小さい数に拡張して用いることができるところに特徴がある。小数を用いると、例えば2L3dLを2.3Lのように複名数を単名数で表したり、整数と同じ原理、同じ手順で加減乗除の計算をしたりできるよさがある。

　小数そのものは、子どもにとっては新しい数の概念である。そのために小数の意味や仕組みを形式的に教え込んでしまう授業が見られる。しかし、ここでは1よりも小さい大きさの表し方を考える場面を設定することで、子ども自らが整数の十進位取り記数法の見方・考え方を1未満の数にも使いたくなる思いを引き出すことが大切である。本書では10個で1点のブロックゲームを通して、10個未満のブロックをなんとか点数化したいという思いを引き出していく。整数の十進位取り記数法と同様に、1未満の大きさも表現できそうだという見方・考え方へとつなげていくことが大切である。

　1の$\frac{1}{10}$が0.1になることを学ぶ場面では、数だけの操作にならないように、ブロックや図と小数を対応させながら展開を進めていく。小数の数の大きさを具体的にイメージしていくことが本単元の基礎・基本でもあるからである。

(2)小数の相対的・構成的な見方

　整数では、数を構成的に見たり、相対的大きさで見たりすることがあった。小数でも、同じような見方を拡張していくことが大切である。例えば、3.7は0.1を基準量とすると37個分集まった数と相対的に捉えることができる。また、3と0.7を合わせた数と構成的に見ることもできる。

　また、数直線や小数の大きさを表したり比べたりするとき、小数が整数と整数の間に連続してあることや、0.1が10個分で1になることの理解を深めるなど、小数と整数を関連付けて捉えることができるようにすることも大切である。

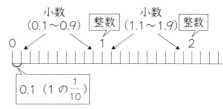

(3)十進位取りの見方・考え方を小数のたし算・ひき算にも拡張する

　小数のたし算・ひき算では、単に位をそろえて計算するという形式的な展開にするのではなく、整数のたし算・ひき算での十進位取りの見方・考え方を拡張していくことが大切である。例えば0.3＋0.5は、0.1を基準量と捉えれば3＋5＝8、つまり0.1が8個分で0.8と考えていくことができる。この見方・考え方を使えば、繰り上がりや繰り下がりのある小数の計算も、整数の計算と同じように考えることができる。このように整数の十進位取りの見方・考え方を拡張していくことが大切である。

　これらの考え方で計算を進める中で、どの計算も同じ位がそろっていることや、小数点の位置もそろっている共通点に気付かせていくのである。複数の計算に取り組む中から、抽象化（形式化）できる部分を子どもが発見していくことが大切なのである。

本時案

端数部分の表し方を考えよう 1/10

授業の流れ

1 10個で□点ブロックゲットゲームをしよう

楽しそうだね。早くやりたいな

パーで勝つとブロックが3個もらえるね

パーをたくさん出せば一気に勝てそうだね

　最初に配布するのは，1人25個のブロック。このゲームのポイントは，ブロックの数が得点そのものではないことである。導入段階では，意図的にブロック10個で□点と提示する。□の中の数字は，1回戦のゲームが終わった段階で提示する（負けると相手が出したじゃんけんのブロックが取られる）。

○月□日（△）

10こで□点ブロックゲットゲームをしよう。

【ルール】
・2人1組でゲーム
・さいしょのブロックは25こ
・勝つとブロックがもらえる
　パー：3こ
　チョキ：2こ
　グー：1こ

楽しそう！　パーで勝つといいね

2 ゲーム結果は？

　一定時間（3〜5分）がたったら，ゲームを終える。あるペアのブロック数を板書する。その後，得点ルールが「10個で1点」であることを伝える。光の41個であれば，40個分が4点であることは納得できる。問題は端数の1個である。10個分ないから1点分に満たないことは理解できる。この端数をどのように表現したらよいのだろうという問いを，ここでは明確にしていくことが大切である。

3 中途半端なブロックは何点と言えばいいかな

1点を10個に分けた1つ分だ

分数と同じだ。だったら $\frac{1}{10}$ 点でいいね

　10個分ないから0点と考える意見も生まれる。しかし，端数が1個と9個を同じ0点扱いとしてよいのか疑問の声が上がる。これが端数を数値化する必要感につながる。

　端数1個分に焦点化し，どのように数値化するか考えさせる。1点を10個に分けた1つ分である分数の学習とつなげる見方・考え方を引き出すことが大切である。

10 小数

11 重さ

12 分数

13 □を使った式

14 2桁のかけ算

15 倍の計算

16 二等辺三角形・正三角形・角

17 表とグラフ

18 そろばん

19 3年のまとめ

本時の評価

・1より小さい端数部分の大きさの表し方を，既習の単位の学習や分数の学習を想起しながら説明することができたか。

・1より小さい端数を数値化するよさを，端数を切り捨てる場合と比較し実感することができたか。

準備物

・ブロック（各25個）

ゲームりっかは？

光　41こ　あや　9こ

↓

○ブロック 10 こで 1 点

光　VS　あや

光君は 10 こが 4 つあるから 4 点分はある

でも 1 こは何点？

あやさんは何点になるの？

あやさんは 0 点？

中と半ばなブロックは何点と言えばいいかな？

1 点分ないから 0 点でいい

9こ取ったあやさんかわいそう

49 この緑さんも 4 点でいいのかな

○1 こ分は何点と言えばいいかな？

1 点

光

・1 点を 10 こに分けた 1 つ分
→分数と同じだから $\frac{1}{10}$ 点

1 点を 10 等分した 1 つ分を 0.1 点と言います。

○光君のとく点は？
・4 点と 0.1 点→4.1 点

4 点よりいいね

○あやさんのとく点は？
・1 点を 10 こに分けた 9 つ分→0.9 点

0 点じゃなくてよかったね

○同じ方ほうで自分のとく点を表そう
・みき：14 こ→1.4 点
・ゆい：26 こ→2.6 点

---

4 1 点を 10 等分した 1 つ分を 0.1 点と言います

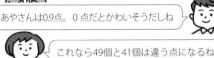

光君は 4 点よりも 4.1 点がいいね

あやさんは 0.9 点。0 点だとかわいそうだしね

これなら 49 個と 41 個は違う点になるね

1 点を 10 等分した 1 つ分の大きさを 0.1 点と言うことを確認する。この見方を使い，光・あやの端数の点数を小数で表現することができる。小数化することで，端数を切り捨てる考え方よりも公平性が生まれることを実感させることが大切である。これが小数のよさでもある。

まとめ

10 個で 1 点がルールのブロックゲームで，ブロックが 1 個の場合の得点の表現方法を考える。中途半端なブロックを 0 点とするのか，わずかでも得点化するのかという見方を引き出していく。その上で，9 個と 1 個を同じ 0 点としてよいのかという見方を引き出し，小数を使う必要感へとつなげていく。小数で得点化することで，前述の不公平感が解消される小数のよさを実感させていきたい。

本時案

小数の意味と表し方を考えよう

本時の目標

・小数は1を10等分した大きさ0.1のいくつ分で表され、整数と同じ仕組みの数であることに気付くことができる。

授業の流れ

1 10個で1点ゲーム。得点は何点かな

1点が10等分されているね

10等分の1つ分が0.1点だね

0.1が7つ分あるから0.7点だね

0.1が5つ分で0.5点と1点で1.5点だね

　提示されたブロックが、0.7点であると答えを出すだけではなく、1点を10等分していること、それが7つ分あることを確認する。すなわち基準量のいくつ分あるかを意識させる。これが位取り記数法の考え方や分数の考え方にもつながる。

○月□日（△）

10こで1点ゲームをしました。
次のとく点は何点かな？

1点

1点を10こに等分した7つ分
　→0.7点

1点の $\frac{7}{10}$ だね

1点

1点を10こに等分した5つ分と1点
　→0.5点と1点で1.5点

1点の $\frac{5}{10}$ だね

2 0.7などを小数と言います

0.1点が3個で0.3点だね

1点は0.1点が10個分とも言えるね

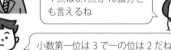

小数第一位は3で一の位は2だね

　0.7や1.5を小数と言うことなどを教える。その後、提示したブロックの得点を小数を使って表現させる。学習した言葉を使って、0.1点が3個で0.3点、0.1点が10個で1点であることを確認する。その後、小数第一位の数字は何か、一の位の数字は何かを確認する。

3 次のブロックは何点かな？

0.1点が10個で1点は繰り上がりと同じだね

小数も整数と同じで10個で位が上がるね

　ブロックの個数を順次提示していく。0.9点になった時点で、「あと1個で1点だ」の声が生まれたら価値付けたい。ブロックが10個は1点である。0.9点と比較することで、「繰り上がりと同じ」「小数も10個で位が1つ上がる」など整数の位取り記数法と関連付ける声を引き出し、価値付けることが大切である。

10 小数

11 重さ

12 分数

13 □を使った式

14 2桁のかけ算

15 倍の計算

16 二等辺三角形・正三角形・角

17 表とグラフ

18 そろばん

19 3年のまとめ

本時の評価

・小数は 1 を10等分した大きさ0.1のいくつ分で表され，整数と同じ仕組みの数であることに気付くことができたか。

・様々な整数や小数を，0.1のいくつ分で表現することができたか。

準備物

・ブロック

・ブロックの図のワークシート

0.7、1.5 などの数を小数と言い，「.」を小数点，小数点の右の位を小数第一位と言います。また、0、1、2などの数を整数と言います。

○小数で点数を表そう

1 点

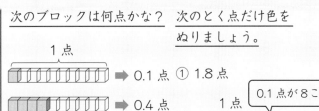

➡ 0.3 点

➡ 1 点

➡ 1 点

・0.1 点が 3 こ→0.3 点

・0.1 点が 10 こ→1点

　→0.3 点と 2 点で2.3 点

次のブロックは何点かな？

1 点

➡ 0.1 点

➡ 0.4 点

➡ 0.6 点

➡ 0.9 点

➡ 1 点

くり上がりと同じだ

小数も 10 こで位が1つ上がる

1	.	5
一の位	小数点	小数第一位

0.1 が 5 こ

次のとく点だけ色をぬりましょう。

① 1.8 点

0.1 点が 8 こ

1 点

0.1 点が 18 こ分だ

② 2.6 点

0.1 点が 6 こ

1 点

0.1 点が 26 こ分だ

---

4 得点分だけ色を塗ろう

0.1点が 8 個で0.8点だね

1 点と0.8点だから1.8点になるね

0.1点だけで考えたら18個分だね

色が塗られていないブロックの図に提示された得点分だけ色を塗らせる。色を塗って終わるのではなく，それが正しい得点を表しているのか確認することが大切である。1.8点であれば，0.1点が 8 個と 1 点の見方の他に，0.1点が18個分という見方も引き出していきたい。

まとめ

10個で 1 点のブロックゲームで表現した得点を小数と言うことを教える。

ブロックの数を単に小数に表現して終わるのではなく，単位量となる0.1点がいくつ分あるのかを意識させることが大切である。その際には，ブロックの図と0.1点の大きさを実際にイメージ化しながら展開を行うとよい。図と小数を何回も行き来しながらイメージを深めるのである。

本時案

1つの単位で
表そう

本時の目標

・長さやかさなどの大きさを，小数を使って表すとともに，位取りの考え方とつなげて考えることができる。

授業の流れ

1 □にあてはまる数はいくつでしょう

- 0.2L で本当にいいのかな？
- だったら図をかけば分かるよ
- 1Lを10等分したうちの2つ分だから0.2L だよ
- 分数でも言えるね。$\frac{2}{10}$と同じ大きさだね

　2dL を L に置き換える問題で「あれ？」という戸惑いの声が上がる。小数を使わせるのではなく，子ども自らが小数を使いたくなる状況を設定する。0.2L や1.3L に小数化した後は，本当に正しいか尋ねる。図を使って説明せざるを得ない状況を設定する。また，分数と関連付ける見方も価値付ける。

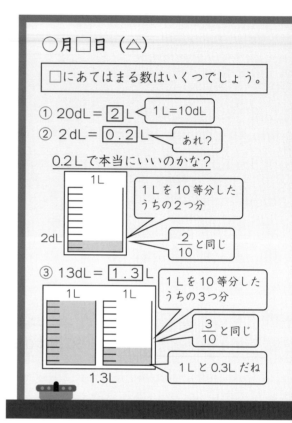

○月□日（△）

□にあてはまる数はいくつでしょう。

① 20dL ＝ 2 L　← 1L＝10dL
② 2dL ＝ 0.2 L　← あれ？

0.2L で本当にいいのかな？

1L
2dL

- 1Lを10等分したうちの2つ分
- $\frac{2}{10}$と同じ

③ 13dL ＝ 1.3 L

1L　1L
1.3L

- 1Lを10等分したうちの3つ分
- $\frac{3}{10}$と同じ
- 1Lと0.3L だね

2 0.8L は□ dL かな？

- 0.1L が 1dL だね
- 1Lを10等分した8つ分だから0.8L
- 0.8L だから，0.1L が8つ分ということだね

　L を dL に置き換える問題を提示する。先ほどの問題とは反対であることへの気付きを引き出したい。0.8L は0.1L の8つ分であることや，1Lを10等分した8つ分であることなど，単位量を意識した見方を引き出していくことが大切である。

3 20cm は□ m かな？

　長さの単位を小数を使って置き換える問題に取り組む。20cm を m で表す問題では，10cm が0.1m になることをしっかりと確認することが大切である。この場面では，1cm を0.1m と捉えてしまう子どもがいるので，0.1m が10個で1m になる小数の位取りの見方を引き出していきたい。

　機械的な単位換算で終わらないように，位取りの考え方とつなげたり，図とつなげたりしながら展開していく。

本時の評価

・長さやかさなどの大きさを，位取りの考え方とつなげることで小数を使って表すことができたか。
・図や単位量をもとにして倍概念をもとに，表された小数の大きさをイメージ化することができたか。

準備物

・液量図
・定規（30cm）

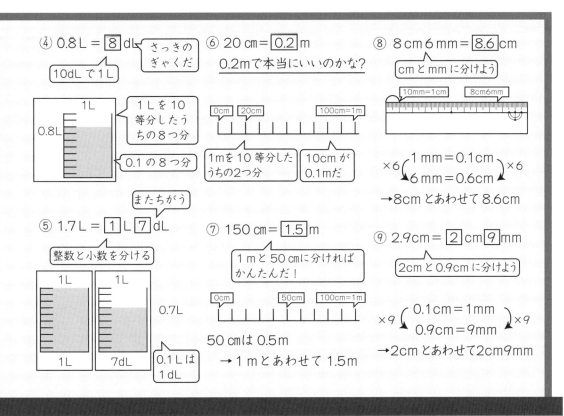

④ 0.8L = 8 dL

さっきのぎゃくだ

10dL で1L

1Lを10等分したうちの8つ分

0.1の8つ分

⑤ 1.7L = 1 L 7 dL

またちがう

整数と小数を分ける

0.1Lは1dL

⑥ 20cm = 0.2 m

0.2mで本当にいいのかな？

1mを10等分したうちの2つ分

10cmが0.1mだ

⑦ 150cm = 1.5 m

1mと50cmに分ければかんたんだ！

50cmは0.5m

→1mとあわせて1.5m

⑧ 8cm6mm = 8.6 cm

cmとmmに分けよう

10mm=1cm　8cm6mm

×6 { 1mm=0.1cm / 6mm=0.6cm } ×6

→8cmとあわせて8.6cm

⑨ 2.9cm = 2 cm 9 mm

2cmと0.9cmに分けよう

×9 { 0.1cm=1mm / 0.9cm=9mm } ×9

→2cmとあわせて2cm9mm

4 8cm6mmは□cmかな？

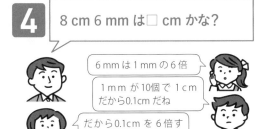

6mmは1mmの6倍

1mmが10個で1cmだから0.1cmだね

だから0.1cmを6倍すれば0.6cmと分かるね

cmとmmの長さを小数で表す問題に取り組む。6mmをcmに置き換える場面では，1mmが0.1cmであることを位取りの考えとつなげて確認する。また，6mmは1mmの6倍であることから，0.1cmを6倍すれば0.6cmになると考える倍概念をもとにした見方を引き出し，価値付けていくことも大切である。

まとめ

長さやかさの大きさを小数で表す問題に取り組む。「小数点を取ればいい」などの形式的な単位換算で終わらせてはいけない。1mの$\frac{1}{10}$が0.1mであることや，0.1Lが10個で1Lなどの位取りの見方を引き出していくことが大切である。また，数字だけの操作ではなく，図と関連付けることで数を具体的な量としてイメージ化していくことも押さえておきたいところである。

小数は数直線の どこに位置付く かな

・小数を数直線上に位置付ける活動を通して，小数が十進数であることや小数と整数が連続していることの理解を深めることができる。

授業の流れ

1 0.9や1.5はどこにかけばいいかな

1目盛りの大きさはいくつかな？

0〜1は10目盛りあるから，1目盛りは0.1だね

0.1の9個分が0.9だね

1より0.1小さいのも0.9だね

0と1だけが書かれた目盛りを提示する。0.9は0.1の9個分であることや，1よりも0.1小さい見方など，数の多面的な見方を引き出す。これらは整数の仕組みと同じである気付きも価値付けていく。

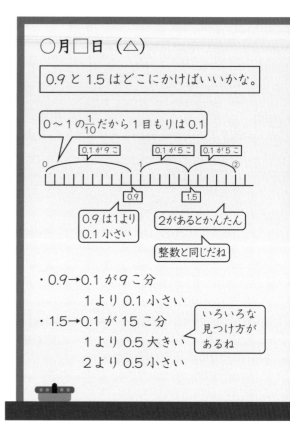

○月□日（△）

0.9 と 1.5 はどこにかけばいいかな。

0〜1の$\frac{1}{10}$だから1目もりは0.1

0.1 が 9 こ　　0.1 が 5 こ　　0.1 が 5 こ

0.9　　1.5

0.9 は 1 より 0.1 小さい

2があるとかんたん

整数と同じだね

・0.9 → 0.1 が 9 こ分
　　1 より 0.1 小さい

・1.5 → 0.1 が 15 こ分
　　1 より 0.5 大きい
　　2 より 0.5 小さい

いろいろな見つけ方があるね

2 2.7と3.2はどこにかけばいいの？

0からスタートしていない数直線を提示する。0がないため，基準となる目盛り幅に戸惑うであろう。そこで，数直線上にある2〜3の間の目盛りが10個あることへの気付きを引き出していきたい。

1目盛りが0.1であることが分かれば，2より0.7大きいのが2.7などと位置が分かる。一方，0.1が27個分あることは，数直線上には見えない。この気付きも引き出していきたい。

3 5.4と6.2はどこにかけばいいの？

これまでとは目盛り幅の異なる数直線を提示する。そこに対する違和感を引き出していきたい。5〜6の目盛り数が5個であることから，1目盛りの幅が，これまでの2倍の0.2であることに気付かせていく。5.4であれば，5を基準に5→5.2→5.4と0.2飛びで数えていくこともできる。これは整数を2飛びで数えることと同じである。

小数も整数も，このような点でも共通点があることに気付かせることも大切である。

10 小数

11 重さ

12 分数

13 □を使った式

14 2桁のかけ算

15 倍の計算

16 二等辺三角形・正三角形・角

17 表とグラフ

18 そろばん

19 3年のまとめ

本時の評価

・小数を数直線上に位置付ける活動を通して，小数が十進数であることや小数と整数が連続していることの理解を深めることができたか。

・数直線の目盛り幅に応じて，1目盛りの大きさを判断することができたか。

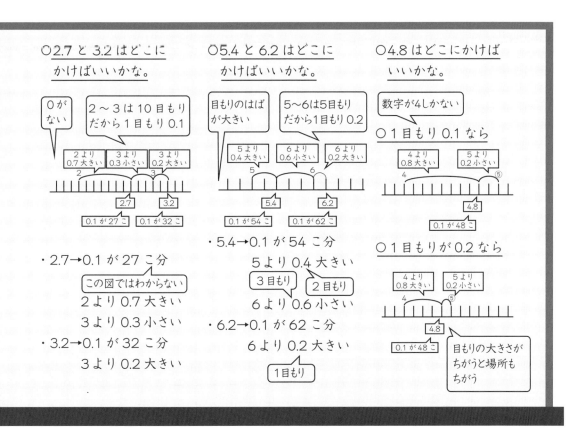

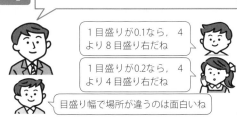

4 **4.8はどこにかけばいいの？**

1目盛りが0.1なら，4より8目盛り右だね

1目盛りが0.2なら，4より4目盛り右だね

目盛り幅で場所が違うのは面白いね

4だけ数字が入った数直線を提示する。他の数字がないため，1目盛りの大きさが分からない。ここでは，子どもから「もし，1目盛りが0.1なら」という目盛り幅を仮定していく見方を引き出していきたい。1目盛りが0.1の場合と0.2の場合では，4.8の位置が異なる面白さにも触れさせていきたい。

まとめ

　数直線上に小数を位置付けるためには，1目盛りの大きさに着目する必要がある。その大きさを考える活動を通して，0.1が10個で1つ上の位の1になることや，小数も連続した数であることなど，小数も整数も数の仕組みとしては同じであることに気付かせていくことが大切である。

　また，単位量のいくつ分という見方や，整数を基準にしていくつ分の大小の差があるのかを考えさせていく。

本時案

小数の大小比べ をしよう

本時の目標

・小数の大小関係を考える活動を通して，小数の仕組みをもとに考えたり，数直線に表したりすることができる。

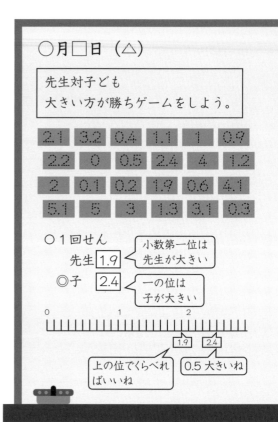

授業の流れ

1 先生対子ども，大きい方が勝ちゲームをしよう！

9の方が大きいから1.9の勝ちだね

違うよ。一の位は2.4の方が大きいよ

上の位で比べないとだめだよ

整数も上の位で大きさ比べをしたのと同じだね

先生対子ども対抗戦を行う。裏向きに貼られたカードを1枚ずつめくる（先生は裏の数が分かっている）。カードに書かれた数字が大きい方が勝ちというルールである。整数で学習した位取りの性質につながる声を引き出し，価値付ける。

2 2.1と2はどちらが大きい？

一の位はどちらも2である。そこで，1つ下の位の小数第一位で比べようと考える。この見方を引き出し，価値付ける。2は小数第一位の数値がない。そのため2つの数を比べられないと考える子どももいる。この思いをクラス全体で共有することが大切である。

その後，「比べられないね」と投げかけることで，2を2.0とみなすことで小数第一位同士が比較可能になる見方を引き出していく。

3 0.1は0より小さいの？

0と0.1の大きさを比較させる。0よりも0.1の方が小さいと考える子どもがいる。彼らの思いをまずは全員で考える。一の位の0の右側に数字があるために，マイナスのイメージをもっていることが原因である。

そこで改めて0.1と0の大きさを比較させる。2を2.0と捉えた見方を使えば，0は0.0となり小数第一位同士の比較ができる。前問とつなげた見方・考え方を価値付けることや数直線で大きさの違いを確認することが大切である。

10 小数
11 重さ
12 分数
13 □を使った式
14 2桁のかけ算
15 倍の計算
16 二等辺三角形・正三角形・角
17 表とグラフ
18 そろばん
19 3年のまとめ

本時の評価

・小数の大小関係を考える活動を通して，小数の仕組みをもとに考えたり，数直線に表したりすることができたか。
・小数の数の仕組みは整数の数の仕組みと同じであることに気付くことができたか。

準備物

・数字が書かれたカード

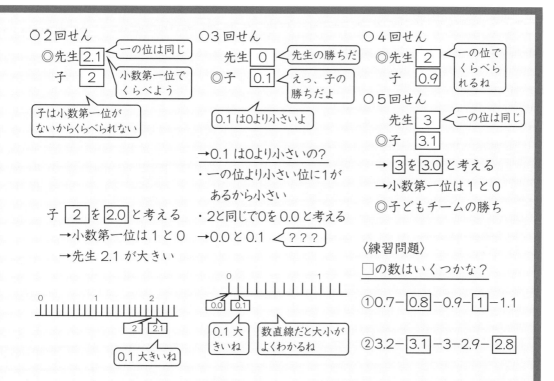

○2回せん
◎先生 2.1 ← 一の位は同じ
子 2 ← 小数第一位でくらべよう
子は小数第一位がないからくらべられない

子 2 を 2.0 と考える
→小数第一位は1と0
→先生 2.1 が大きい

0　1　2
2 2.1
0.1 大きいね

○3回せん
先生 0 ← 先生の勝ちだ
◎子 0.1 ← えっ，子の勝ちだよ
0.1 は0より小さいよ

→0.1 は0より小さいの？
・一の位より小さい位に1があるから小さい
・2と同じで0を0.0と考える
→0.0 と 0.1 < ？？？

0　1
0.0 0.1
0.1 大きいね
数直線だと大小がよくわかるね

○4回せん
◎先生 2 ← 一の位でくらべられるね
子 0.9

○5回せん
先生 3 ← 一の位は同じ
◎子 3.1
→ 3 を 3.0 と考える
→小数第一位は1と0
◎子どもチームの勝ち

〈練習問題〉
□の数はいくつかな？
①0.7 - 0.8 - 0.9 - 1 - 1.1
②3.2 - 3.1 - 3 - 2.9 - 2.8

4 4，5回戦を行おう！

一の位が違う数のときは，そこで判断すれば速いね

一の位が同じときは，小数第一位同士で比べればいいね

　4，5回戦を行う。カードが表になった瞬間，勝負の判断ができる子どもが増えてくる。すぐに判断できる理由を尋ね，数値に応じて比べる位を変えている見方を引き出し価値付けていくことが大切である。また，前問までのどの見方とつなげているのかを明らかにすることも有効である。

まとめ

　数の大小比較を通して，小数の数の仕組みを考えていく。小数も整数と同じように，数の大小は上の位から順に比べていけばよいことに気付かせていくことが大切である。
　また，マイナスイメージのある0.1についても，数直線に位置付けることで具体的な量の大きさをイメージ化できるようにしたい。2つの数の差を指摘する声は，小数の加減計算にもつながる大切な見方である。

本時案

小数ブロック
ゲームをしよう

・小数ブロックつかみ取りゲームを通して，小数を相対的，構成的に見て，数の見方を深めることができる。

授業の流れ

1 チーム対抗，0.1の積み木つかみ取り

10個で1点にすると分かりやすい

0.1点が4個で0.4点あるね

1点と0.4点で1.4点だね

0.1点で考えたら14個分あるね

2チーム対抗戦を行う。立方体のブロックを山盛りにして置く。ブロックを10個並べると1点になって分かりやすいという位取りの見方を引き出し，価値付ける。また，0.1を単位量にして何個分かで表現することも大切である。

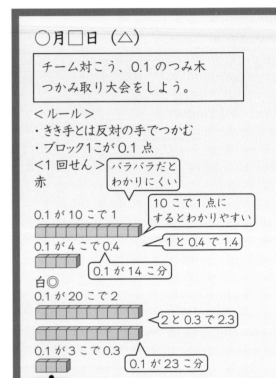

○月□日（△）

チーム対こう，0.1のつみ木
つかみ取り大会をしよう。

＜ルール＞
・きき手とは反対の手でつかむ
・ブロック1こが0.1点
＜1回せん＞
赤　　　バラバラだとわかりにくい

0.1 が 10 こで 1

10こで1点にするとわかりやすい

0.1 が 4 こで 0.4

1 と 0.4 で 1.4

0.1 が 14 こ分

白◎
0.1 が 20 こで 2
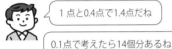
2 と 0.3 で 2.3

0.1 が 3 こで 0.3

0.1 が 23 こ分

2 2回戦は何点かな？

ブロックつかみ取り2回戦。つかむことができる個数を1回戦と2回戦で大きく変えるために，1回戦は指3本，2回戦は指5本のようにつかむ条件を変えていくと得点に変化が生まれてくる。2.2点が0.1点の22個分の見方や，2点と0.2点と位ごとに分ける見方を引き出し価値付ける。

また，赤白の得点の差をブロックの数で表現したり，0.1点の何個分かで表現したりする見方も引き出したい。

3 1.5に近い方が勝ち

つかみ取りのルールを変更する。1.5に近い数をつかんだ方が勝ちとする。これなら，手の小さい子どもでも勝ちやすくなる。

得点と1.5点の差をブロックの個数で表現する見方をまずは引き出したい。数を量として具体的にイメージ化することが大切だからである。その後，ブロック1個が0.1点であることをもとに，具体物と数字を関連付けながら差を数値化していく。また，チーム同士の差に目を付けた見方を引き出し価値付けていきたい。

11 重さ

12 分数

13 □を使った式

14 2桁のかけ算

15 倍の計算

16 二等辺三角形・正三角形・角

17 表とグラフ

18 そろばん

19 3年のまとめ

本時の評価

・小数ブロックつかみ取りゲームを通して，小数を相対的，構成的に見て，数の見方を深めることができたか。
・ブロックと小数を関連付けることで，小数の差を表現することができたか。

準備物

・ブロック（立方体の積み木）

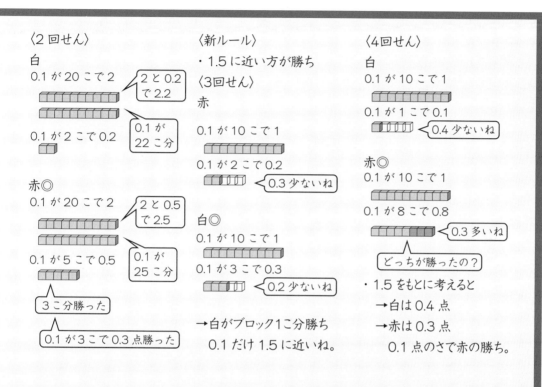

〈2回せん〉
白
0.1 が 20 こで 2
　2 と 0.2 で 2.2
0.1 が 2 こで 0.2
　0.1 が 22 こ分

赤◎
0.1 が 20 こで 2
　2 と 0.5 で 2.5
0.1 が 5 こで 0.5
　0.1 が 25 こ分
3こ分勝った
0.1 が 3 こで 0.3 点勝った

〈新ルール〉
・1.5 に近い方が勝ち
〈3回せん〉
赤
0.1 が 10 こで 1
0.1 が 2 こで 0.2
　0.3 少ないね

白◎
0.1 が 10 こで 1
0.1 が 3 こで 0.3
　0.2 少ないね

→白がブロック1こ分勝ち
　0.1 だけ 1.5 に近いね。

〈4回せん〉
白
0.1 が 10 こで 1
0.1 が 1 こで 0.1
　0.4 少ないね

赤◎
0.1 が 10 こで 1
0.1 が 8 こで 0.8
　0.3 多いね
どっちが勝ったの？
・1.5 をもとに考えると
　→白は 0.4 点
　→赤は 0.3 点
　0.1 点のさで赤の勝ち。

---

4 4回戦はどっちが勝ったの？

1.1と1.8はどちらが勝ったの？

1.1は1.5から0.4離れている

1.8は1.5から0.3離れている

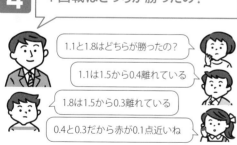

0.4と0.3だから赤が0.1点近いね

1.5点を境目にした得点が前後する場合を取り上げる。1.5点の前後の得点のために，すぐには勝敗を判断できない子どももいる。1.5点からの差を明確にした後，その差の大きさで判断していく。ブロックと数をつなげながら理解を深めていく。

まとめ

　ブロックのつかみ取りの個数を数値化することで，小数の数の見方を深めていく。最初のルールでは，得点を0.1の□個分とみたり，1の□個分と0.1の□個分とみたりするなど多面的な見方を引き出していくことが大切である。
　1.5との差のルールでは，具体物と数を関連付けながら差を明らかにしていくことが重要となる。ここでの見方が，小数のひき算の学習にもつながるからである。

本時案

小数のたし算を考えよう

本時の目標

・小数の表し方と仕組みに着目し，整数のたし算と関連付けながら小数第一位同士の小数のたし算の計算方法を考えることができる。

授業の流れ

1 0.4＋0.5はどうやって計算するの？

式は0.4＋0.5でたし算になるね

小数のたし算はどうやって計算すればいいのかな

一の位の0＋0，小数第一位の4＋5をして，間に小数点をつければいいね

でも，本当にその計算で合っているのかな？

　一の位と小数第一位をたし算した後，最後に小数点をつけるという形式的な考え方をする子どもがいる。このような形式的な考え方に対して，「本当にそれで合っているの？」という思いを引き出していきたい。形式的な計算練習の展開にしないことが大切である。

○月□日（△）

あすかさんの家では、牛にゅうをきのう 0.4L、今日 0.5L 飲みました。合わせて何L飲みましたか。

式はすぐにわかる

式　0.4＋0.5

きのうと今日を合わせるからたし算

小数のたし算はどうやって計算すればいいのかな？

0＋0＝0

そのままたせばいいんじゃないかな

4＋5＝9

→合わせて 0.9

小数点をつける

でも、本当に合っているの？

---

2 0.4＋0.5＝0.9で合ってるの？

　図に置き換えることで，答えの正しさを考えさせていきたい。0.4Lの図の中に，単位量となる0.1Lが4個分，0.5Lの中には5個分あることを引き出すことがポイントである。0.1Lが4個分と5個分を合計すると，0.1Lが9個分になる。この9個分を図の中にも見いだしていく。

　基準量の0.1Lと図を関連付けることが大切である。また，この考え方は整数のたし算と同じである気付きも引き出したい。

3 整数のたし算と同じとは？

　小数のたし算と整数のたし算が同じという意味を考えさせる。板書にあるように他の整数のたし算と比較していく。一の位同士も十の位同士も百の位同士も，いずれも各位の単位量の何個分で計算している共通点への気付きを引き出していきたい。

　この部分が小数同士のたし算と共通することをクラス全体で共有してから，小数のたし算も整数のたし算と同じで位同士を足していくという一般化の見方へとつなげていくことが大切である。

10
小数

11
重さ

12
分数

13
□を使った式

14
2桁のかけ算

15
倍の計算

16
二等辺三角形・正三角形・角

17
表とグラフ

18
そろばん

19
3年のまとめ

本時の評価

・小数の表し方と仕組みに着目し，整数のたし算と関連付けながら小数第一位同士の小数のたし算の計算方法を考えることができたか。
・図の中に単位量となる0.1の大きさを見いだし，小数第一位同士の計算の仕方を説明することができたか。

準備物

・液量図

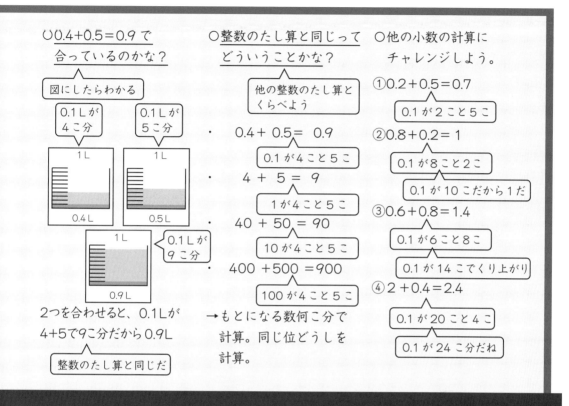

○0.4+0.5=0.9 で合っているのかな？

図にしたらわかる

0.1Lが4こ分　　0.1Lが5こ分

1L　0.4L　　1L　0.5L

0.1Lが9こ分

1L　0.9L

2つを合わせると，0.1Lが4+5で9こ分だから0.9L

整数のたし算と同じだ

○整数のたし算と同じってどういうことかな？

他の整数のたし算とくらべよう

・　0.4 + 0.5 = 0.9
0.1 が4こと5こ

4 + 5 = 9
1 が4こと5こ

・　40 + 50 = 90
10 が4こと5こ

・　400 +500 =900
100 が4こと5こ

→もとになる数何こ分で計算。同じ位どうしを計算。

○他の小数の計算にチャレンジしよう。

①0.2+0.5=0.7
0.1 が2こと5こ

②0.8+0.2=1
0.1 が8こと2こ
0.1 が10こだから1だ

③0.6+0.8=1.4
0.1 が6こと8こ
0.1 が14 こでくり上がり

④2 +0.4=2.4
0.1 が20こと4こ
0.1 が24 こ分だね

4 他の小数の計算にチャレンジしよう

0.8+0.2は0.1が8個と2個だね

0.1が10個だと1になるね

0.1が10個で繰り上がるんだね

小数も整数も繰り上がりは同じだね

他の小数の計算も機械的に進めるのではなく，0.1が何個分になるのかを確認しながら進めることが大切である。繰り上がりのある問題では，0.1が10個分で1に繰り上がることを確認することで，整数の数の仕組みと同じであることにも気付かせていく。

まとめ

牛乳の問題を通して，小数のたし算の計算の仕方を考えていく。この時間で大切なことは，正しい答えを求めることだけではない。小数のたし算も整数のたし算と同じように，単位量となる0.1が何個分で考えることができることに気付かせることも大切である。

この見方は，小数のひき算や小数第二位など，数の範囲が拡張した場合にも共通する見方となる。

本時案

小数のひき算を考えよう

 8/10

本時の目標

・小数の表し方と仕組みに着目し，整数のひき算と関連付けながら小数第一位同士の小数のひき算の計算方法を考えることができる。

授業の流れ

1 0.6－0.2はどうやって計算するの?

> 式は0.6－0.2でひき算になるね

> 小数のひき算はどうやって計算するの?

> 小数のたし算と同じように考えればいいんじゃないかな

> 小数のひき算に，たし算が使えると考えたのは算数では大切な見方ですね

　小数のたし算を前時で学習しているので，それと同じように小数のひき算も計算すればよいとする見方が生まれる。既習の見方を別の場面にもあてはめる見方は算数では価値がある。

○月□日 (△)

> 牛にゅうが0.6Lありました。あすかさんは、そのうち0.2L飲みました。のこりは何Lですか。

> 式はすぐにわかる

式　0.6－0.2

> 飲んだからへるということでひき算

> 小数のひき算はどうやって計算すればいいのかな?

> 小数のたし算と同じように考えたら?

> ひき算も同じでいいのかな?

→0.6－0.2=0.4

> 本当に合っているのか図でたしかめよう

2 0.6－0.2=0.4で合ってるの?

　図に置き換えることで，答えの正しさを考えさせていきたい。0.6Lの図の中に，単位量となる0.1Lが6個分，0.2Lの中には2個分あることを引き出すことがポイントである。0.1Lを単位量として考えると6－2となり，0.1が4個あると考えられる。図とつなげながら，この考え方を共有していく。

　また，この考え方は，小数のたし算と同じであることも確認していくことが大切である。

3 他の小数のひき算にチャレンジ

　他の小数のひき算問題に取り組む。機械的に計算するのではなく，引かれる数・引く数が単位量となる0.1がいくつ分で構成されているのかを確認しながら進めていくことが大切である。

　1－0.7の問題では，「答えが出せない」と考える子どもがいる。1の小数第一位に数字が存在しないために，引くことができないという論理が背景にある。彼らの思いを共有していくことで，この解決策を別の論理で導き出す展開が必要になる。

【本時の評価】
・小数の表し方と仕組みに着目し，整数のひき算と関連付けながら小数第一位同士の小数のひき算の計算方法を考えることができたか。
・0.1を基準量にした計算方法は，小数のたし算や整数のひき算と同じ考え方であることに気付くことができたか。

【準備物】
・液量図

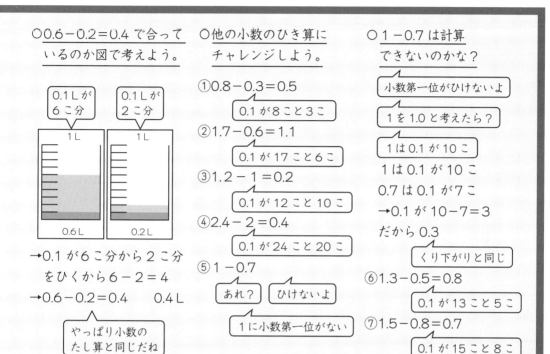

○0.6−0.2＝0.4 で合っているのか図で考えよう。

- 0.1Lが6こ分 / 1L / 0.6L
- 0.1Lが2こ分 / 1L / 0.2L

→0.1が6こ分から2こ分をひくから6−2＝4
→0.6−0.2＝0.4　　0.4L

やっぱり小数のたし算と同じだね

○他の小数のひき算にチャレンジしよう。

①0.8−0.3＝0.5
0.1が8こと3こ

②1.7−0.6＝1.1
0.1が17こと6こ

③1.2−1＝0.2
0.1が12こと10こ

④2.4−2＝0.4
0.1が24こと20こ

⑤1−0.7
あれ？　ひけないよ
1に小数第一位がない

○1−0.7は計算できないのかな？

小数第一位がひけないよ

1を1.0と考えたら？

1は0.1が10こ

1は0.1が10こ
0.7は0.1が7こ
→0.1が10−7＝3
だから0.3

くり下がりと同じ

⑥1.3−0.5＝0.8
0.1が13こと5こ

⑦1.5−0.8＝0.7
0.1が15こと8こ

4 1−0.7は計算できないのかな？

先と同じように0.1が何個分で考えたら

1は0.1が10個，0.7は7個だね

0.1が10−7＝3だから0.3だね

小数も整数も繰り下がりは同じだね

　0.1がいくつ分で考えれば，1−0.7もそれまでと同じように計算ができる。この見方を引き出すことが大切である。また，0.1を10−7と考えるのは繰り下がりの見方と同じである。この見方も価値付けていきたい。

【まとめ】

　小数のたし算で学習した0.1がいくつ分で考える見方を引き出し，価値付けていくことが大切である。場面が異なっても，同じ考え方が使えるという見方に気付かせていきたい。
　また，1−0.7の問題でも，整数の繰り下がりと同じように考えていけば計算ができる点にも気付かせていきたい。これらの数学的な考え方を引き出し，価値付けていくことが本時で押さえておきたいねらいである。

本時案

小数のたし算・ひき算の筆算に挑戦しよう！

授業の流れ

・小数第一位までの小数の加減法の筆算の仕方を，整数の筆算と関連付けながら理解し，計算することができる。

1 132.7＋185.6の計算はどうするの?

> 132.7＋185.6は計算が大変だね

> だったら筆算で計算したらどうかな

> 0.1をもとにしたら1327＋1856だね

> 小数第一位は 7 ＋ 6 ＝13だけど，これも整数の筆算と同じで繰り上げればいいね

　筆算の計算方法を考える場面では，整数の筆算の計算方法と関連付ける見方を引き出し価値付けていく。0.7＋0.6の繰り上がりの場面も，整数の筆算や0.1を単位とした見方を引き出し価値付けていく。

○月□日（△）

あすかさんのリボンの長さは 132.7cm，ゆうかさんのリボンの長さは 185.6cm です。2人のリボンの長さは合計何 cm ですか。

> 合計だからたし算だね

式　132.7＋185.6

> 計算が大へんそうだ

> 位が多すぎる

> 筆算で計算すればかんたん

○どうやって筆算すればいいかな？

> 整数と同じように位をそろえる

```
  1   1
  1 3 2 . 7
＋1 8 5 . 6
  3 1 8 . 3
```

> 整数と同じように下の位から計算すればいいね

> 0.1 をもとにしたら 1327＋1856 だね

2 15＋3.8はどうやって計算するの?

　筆算の計算の書き方は，板書の通り 2 つの方法が子どもから生まれてくる。整数の筆算は全て筆算の右側がそろっていた。板書左の筆算はその方法から類推している。この見方の論理を共有していく。

　その上で，同じ位同士をそろえて計算する視点から，板書右側の筆算が正しい書き方であることに気付かせていきたい。また，15を15.0と置き換えれば考えやすくなる見方も引き出していきたい。

3 小数のひき算も筆算でできる?

> 小数のたし算と同じで位をそろえれば計算できそうだね

> 繰り下がりのときも，整数のひき算と同じように考えればいいね

> 0.1をもとにしたら35－18だね

> 筆算で計算すると簡単だね

　小数のひき算も筆算で計算ができるのか考えさせる。小数のたし算や整数のひき算と関連付けて，同じ位は縦にそろえることや，繰り下がりがある場合の計算の仕方の共通点に気付く見方を引き出し，価値付けていくことが大切である。

本時の評価

・小数第一位までの小数の加減法の筆算の仕方を，整数の筆算と関連付けながら理解し，計算することができたか。
・0.1を基準量として考えることで，小数の筆算を捉えることができたか。

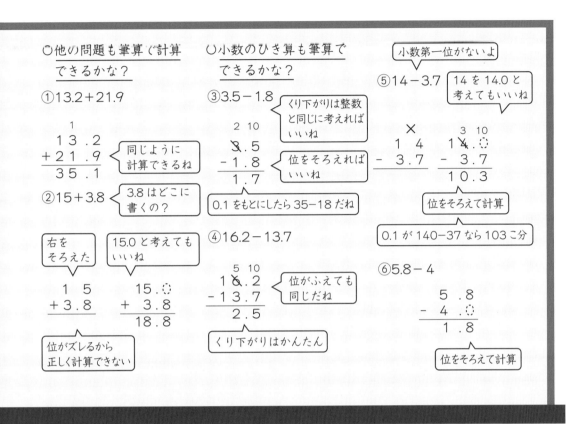

○他の問題も筆算で計算できるかな？

① 13.2 ＋ 21.9

$$
\begin{array}{r}
{}^{1} \\
13.2 \\
+\,21.9 \\
\hline
35.1
\end{array}
$$

同じように計算できるね

② 15 ＋ 3.8

3.8 はどこに書くの？

右をそろえた

$$
\begin{array}{r}
15 \\
+\,3.8 \\
\hline
18.8
\end{array}
$$

位がズレるから正しく計算できない

15.0 と考えてもいいね

$$
\begin{array}{r}
15.\dot{0} \\
+\ \ 3.8 \\
\hline
18.8
\end{array}
$$

○小数のひき算も筆算でできるかな？

③ 3.5 － 1.8

くり下がりは整数と同じに考えればいいね

位をそろえればいいね

$$
\begin{array}{r}
{}^{2}\,{}^{10} \\
\cancel{3}.5 \\
-\,1.8 \\
\hline
1.7
\end{array}
$$

0.1 をもとにしたら 35－18 だね

④ 16.2 － 13.7

$$
\begin{array}{r}
{}^{5}\,{}^{10} \\
1\cancel{6}.2 \\
-\,13.7 \\
\hline
2.5
\end{array}
$$

位がふえても同じだね

くり下がりはかんたん

小数第一位がないよ

⑤ 14 － 3.7

14 を 14.0 と考えてもいいね

$$
\begin{array}{r}
\times \\
1\ 4 \\
-\ 3.7 \\
\hline
\end{array}
\qquad
\begin{array}{r}
{}^{3}\,{}^{10} \\
1\cancel{4}.\dot{0} \\
-\ \ 3.7 \\
\hline
10.3
\end{array}
$$

位をそろえて計算

0.1 が 140－37 なら 103 こ分

⑥ 5.8 － 4

$$
\begin{array}{r}
5.8 \\
-\ 4.\dot{0} \\
\hline
1.8
\end{array}
$$

位をそろえて計算

4 14－3.7の計算はできるかな？

小数のたし算と同じように位をそろえて計算すればいいね

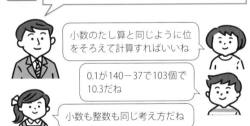

0.1が140－37で103個で10.3だね

小数も整数も同じ考え方だね

　筆算をどのように書くかが問題になる。右をそろえて数字を位置付ける書き方に対して，位をそろえて計算する見方や，小数のたし算の筆算とつなげる見方を引き出し，正しい筆算の書き方を導き出す。また，0.1の140個分・37個分の見方とつなげることが大切である。

まとめ

　小数のたし算・ひき算の筆算の学習は，形式的な計算練習になりがちである。この場面では，0.1を単位量としてそのいくつ分で考える見方を引き出していくことが大切である。この見方は４年生で小数の範囲が拡張した場合にも必要な考え方である。
　また，既習の整数の筆算から，小数も位をそろえて計算すればいいだろうという見方・考え方を類推していくことも押さえておきたい。

本時案

小数の加減算ゲームをしよう

 10/10

・小数ゲームを通して，小数のたし算・ひき算の習熟を図るとともに，ゲーム結果の面白さに気付くことができる。

授業の流れ

1 小数のたし算・ひき算ゲームをしよう

1回目で大勝して，2回目で大負けするといいね

どういうこと？

例えば1回戦5点2回戦0点なら，ポイントは5点

そういうことか！だったら1回戦は勝ち続け，2回戦は負け続けよう

ジャンケンでパーとグーを出した場合は，勝ちは2.5＋0.3＝2.8点，負けは2.5－0.3＝2.2点となる。勝者のジャンケンの得点分だけそれぞれの点数が増減する。ジャンケンごとの得点の増減結果は，ノートにきちんと記録させていく。

○月□日（△）

ペア対こう、小数のたし算・ひき算ゲームをしよう。

〈ルール〉
・さいしょは2.5点からスタート
・ジャンケンで勝ったらとく点アップ
　　　　　　　負けたらとく点ダウン
　　パー：0.3点　　チョキ：0.2点
　　グー：0.1点
・ゲームは2回せん
・2回せんのかくとく点の高い方からひくい方をひき算した点数がポイント
　れい　1回せん：5点　2回せん：2点
　　　ポイント：5－2＝3ポイント

1回目で大勝ちして、2回目で大負けするといいね

ジャンケンは各回戦につき10回くらい行う。

2 どんな結果になったかな？

ポイントを計算すると，「引き分け」という声が多く上がる。そこで，5点と0点のような極端な例を取り上げる。2人とも5ポイントとなる。この結果に対して，特殊な場合だけが引き分けになると子どもは考える。

そこで，その他の例を確認していく。すると，どのような得点でも引き分けになることが見えてくる。この面白さを実感させていくことが，次の場面につながっていく。

3 ルールを変えても引き分けかな？

あれ，また引き分けになったね

もっとルールを変えても引き分けか確かめたいな

面白いね

最初の得点を変えたらどうかな？

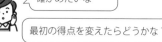

ジャンケンのルールを変えても引き分けになるのかを予想させる。予想にはズレが生まれる。実際に計算を行うと，今度も引き分けになる。この結果の面白さを実感させるとともに，もっとルールを変えて確かめたいという思いを引き出し価値付けていきたい。

本時の評価

・小数ゲームを通して，小数のたし算・ひき算を正しく計算することができたか。
・小数ゲームの結果から，いつでも引き分けになる面白さに気付くとともに，ルールを変えても引き分けになるのかを試していくことができたか。

○どんなりっかになったかな？

あれ，引き分けだ

1回せん　2回せん
W子：5点　0点　5−0=5
K男：0点　5点　5−0=5

5点と0点でとくべつなんだよ

わたしたちも引き分け

1回せん　2回せん
S子：1.8点　3.8点
　　　3.8−1.8=2
B男：3.2点　1.2点
　　　3.2−1.2=2
K子：4.5点　3.9点
　　　4.5−3.9=0.6
M男：0.5点　1.1点
　　　1.1−0.5=0.6

全部引き分け。おもしろい！

○ジャンケンのルールをかえても引き分けかな？

・ジャンケンルール
パー：0.5点　チョキ：0.3点
グー：0.1点

ルールをかえれば引き分けにならない

やっぱり引き分け

また引き分けだ

K子：1.7点　3.2点
　　　3.2−1.7=1.5
M男：3.3点　1.8点
　　　3.3−1.8=1.5
D子：3.2点　3.8点
　　　3.8−3.2=0.6
S男：1.8点　1.2点
　　　1.8−1.2=0.6

ルールをかえても引き分けだ

もっとルールをかえたら？

○もっとルールをかえても引き分けになるのかな？

さいしょのとく点をかえる

ジャンケンルールをかえる

ペアで自由にルールを作ろう。
〈さいしょは10点〉
D子：9.4点　11.3点
　　　11.3−9.4=1.9
S男：10.6点　8.7点
　　　10.6−8.7=1.9

やっぱり引き分け

〈さいしょは7.7点〉
R子：8.2点　7.7点
　　　8.2−7.7=0.5
N男：7.2点　7.7点
　　　7.7−7.2=0.5

どんなルールでも引き分けだ

---

4 もっとルールを変えても引き分けかな？

最初の得点を変えたら引き分けにならないかもしれない

あれ，得点を変えても引き分けだ

ジャンケンルールを変えても引き分けだ

どんなルールでも引き分けなんだ

ルールを子どもたちに自由に設定させてゲームを行う。どのようにルールを変えても，結果は引き分けになる。なぜいつも引き分けかを考える演繹的な声が生まれたら，発展的な問題として取り組んでもよい。

まとめ

　小数ジャンケンゲームは，どのようにルールを変えても結果は引き分けになる。この結果を検証していく過程で，子どもたちは多くの小数の加減計算に取り組むことになる。やらされる計算ではなく，目的意識をもって計算に取り組むことが大切である。

　引き分けの結果に出会った場面で，ルールを変えて一般化できるのか検証したいという見方を引き出し価値付けていくことがポイントとなる。

10 小数
11 重さ
12 分数
13 □を使った式
14 2桁のかけ算
15 倍の計算
16 二等辺三角形・正三角形・角
17 表とグラフ
18 そろばん
19 3年のまとめ

11 重さ　（9時間扱い）

単元の目標

・重さの意味や，単位と測定の意味について理解し，はかりを用いていろいろなものの重さを測定することができる。

評価規準

知識・技能	○重さについて，単位や単位の関係を理解し，重さを表したり，重さの計算をしたりすることができる。
思考・判断・表現	○ものの重さも，他の量と同様に単位とする重さを決め，そのいくつ分で測ればよいと考えたり，目的に応じて，単位や計器を選ぶことを考えたりする力を養う。
主体的に学習に取り組む態度	○「重さ」は，数値化できることに興味をもち，重さを調べようとしたり，目的に応じて，単位や計器を選んで測定しようとしたりする態度を養う。

指導計画　全9時間

次	時	主な学習活動
第1次 重さの比べ方	1	身の回りにあるいろいろなものの重さの比べ方を考える。 どちらがどれだけ重いかを調べる方法を考える。
	2	1円玉と自作天びんを使って，いろいろなものの重さを測定する。
	3	重さの単位「グラム（g）」を知る。 測定前におよその見当をつける。
第2次 はかりの使い方	4	目盛りを隠した秤量の異なるはかりで重さ比べをしたときの結果を考える。
	5	重さの単位「キログラム（kg）」，1kg＝1000gの関係を理解する。
	6	体重を調べたり，その合計を調べたりして，1000kgを超える重さを理解する。
	7	箱の中に隠されたボールを，重さをヒントに予想する。 gやkgが混在した重さの計算をする。
	8	カードを使って，重さの大きさ比べや単位変換，計算をする。
	9	単位の書かれているカードを整理して並べ，単位の関係を考える。

⑴重さの導入

　これまでの学習で「はかる」対象となった量は，長さや広さ，かさなどいろいろとあった。本単元は，対象が「重さ」という量になるわけだが，これまでの量と同じように「はかる」ことを意識して指導し，算数的原理を子どもに身に付けることが大切である。しかし，重さは長さやかさと比べて視覚的に捉えにくい量である。したがって，子どもには，まず見た目や経験から重さを予想したり，実際に手に持って比べたりする活動を行わせる。その中で，見た目や手に持った感覚では判断できない場合が出てくるため，てんびんやはかりなどを使って視覚的に比較するといった段階を踏むのである。さらに，多くのものの重さを比較する場合は，数値化して整理することで，重さを捉えやすくなる。1円玉や1gの積み木などによる測定に結びつけることができる。

⑵重さの比較・測定方法

　量の単位を導入するには，一般的に直接比較，間接比較，任意単位による測定，普遍単位による測定の4段階で指導するのが一般的である。重さについては次のようになる。

　　◆直接比較……直接手で持ち，感覚で2つの重さを比較する。また，てんびんなどを使って，その傾きから視覚的に2つの重さを比較する。

　　◆間接比較……2つの重さを別のものを媒介して間接的に比較する。

　　◆任意単位による測定……ものの重さを身近なものを使って，そのいくつ分で表し，数値化する。

　　◆普遍単位による測定……共通の任意単位による測定の必要性から，重さの普遍単位（gやkgなど）を使って重さを数値化する。

　このような過程をたどることによって，子どもは，重さも長さやかさと同じように数で表すことができることを確認したり，共通の単位があるはずだと気付いたりする。

　子どもの中には，普遍単位を知っている子どももいる。日常生活の中で，gやkgの単位を耳にするためである。しかし，単位の言葉を知ってはいるが，量感をもたなかったり，単位の意味を理解していなかったりすることがあるので，丁寧に指導することが大切である。

⑶メートル法

　今回の改訂で，これまで6学年でまとめて指導していた内容を，それぞれの量と測定の学習をするときに取り扱うことになった。子どもが長さやかさ，重さなどの単位の前についている接頭語に着目して，同じような仕組みに基づいて単位が構成されていることに気付き，単位間の関係を統合的に捉えることができるように指導することが大切である。

⑷身の回りのものを使って

　重さを量る単位（1g）となるものとして「1円玉」を紹介している。これを使うために必要となるてんびんは，手作りすると楽しい。

　〈材料〉木の棒，クリップ，たこ糸，ゼリーやプリンのカップ

10 小数

11 重さ

12 分数

13 □を使った式

14 2桁のかけ算

15 倍の計算

16 二等辺三角形・正三角形・角

17 表とグラフ

18 そろばん

19 3年のまとめ

本時案

てんびんは何回使ったかな？

本時の目標

・身の回りのものの重さについて，道具やもとにする大きさを定め，比較する方法を考え，説明することができる。

授業の流れ

1　どちらが重いかな？

大きい方が重い？

スポンジとスティックのりを提示し，「どちらが重いかな」と問い，重さと体積の関係を話題にする。持って確かめさせることで，重さと体積は関係ないことを確認する。

次にペンとハサミを追加して提示し，重さの順番を問う。持っただけでは判断できないものがあることを確認し，どうやって比べるかを課題とする。

〇月□日（△）

どちらが重いかな？

① スポンジ と のり

スポンジの方が大きいから重い？

答え：のりの方が重い。

大きさと重さはかん係ない

② ペン と ハサミ と のり
　持ってもよく分からない。
　↓
　てんびんを使って，くらべよう。

下がった方が重い

シーソーみたい

2　どうなったら比べられる？

重い方が下がるはず

てんびんを提示して，重さを比べることを提案する。

その後，てんびんがどのように動いたら重いと判断できるかを問う。子どもの生活経験（シーソーなど）と関係付けながら，てんびんの傾きによって重さを比べることができることを確認する（直接比較）。

3　重い順に並べよう

てんびんで2つずつ比べよう

班ごとに，スティックのり，ペン，ハサミを用意して，重さを比較する。

一番重いものを予想してから，調べるようにする。一番重いと判断した理由をノートに書く。

10 小数

11 重さ

12 分数

13 □を使った式

14 2桁のかけ算

15 倍の計算

16 二等辺三角形・正三角形・角

17 表とグラフ

18 そろばん

19 3年のまとめ

本時の評価

・形や大きさの異なるものの重さを，てんびんを使って比べることができたか。

・直接比較と間接比較の仕方を説明することができたか。

準備物

・手作りてんびん

・スポンジ，ペン，スティックのり，ハサミ

グループで重いじゅんにならべよう！　　けっか：ハサミ→のり→ペン

てんびんを何回使ったら、じゅん番がはっきりする？

○3回

のりとハサミ

ペンとハサミ

ハサミが一番重い
2回とも下がる

ペンとのり

ペンとのりの
直せつ対決

直せつ対決でくらべる。

○2回

のりとハサミ

のりとペン

ペンとハサミをくらべなくても、重い方がわかる

どうして2回でいいの？
のりよりハサミが重い。
のりよりペンが軽い。
だから、ペンよりハサミが重い。

のりをきじゅんにしてくらべる。

---

4 てんびんは何回使ったかな？

え？
どうやって2回で？

一番重いものを見つけるまでに，何回てんびんを使ったかを問う。

すると，2回の班と3回の班に分かれる。

例えば，ハサミ＞のり，のり＞ペンのような状況であれば，ハサミとペンを比べなくても，のりを基準量としてハサミ＞ペンが分かることを確認する（間接比較）。

まとめ

真ん中が見つかれば…

3回の比べ方（直接比較）と2回の比べ方（間接比較）の違いを説明させる。

可能であれば，長さやかさの学習のときの直接比較と間接比較を話題にし，共通点を押さえる。

本時案

一番重いのは
どれかな？

本時の目標

・たくさんのものの重さの比べ方を考え，重さの意味や重さの単位「g」について理解する。

授業の流れ

 あなたの消しゴムは何番目？

ペンとのりの間くらいかな

前時に調べ学習をした4つの重さの順番を確認しながら提示する。その後，自分の消しゴムの順番を考える。

前時で用いたてんびんで調べ，重さの順番が分かるように，ネームプレートを貼る。

※ハサミより軽くてのりより重ければ1と2の間に貼る。

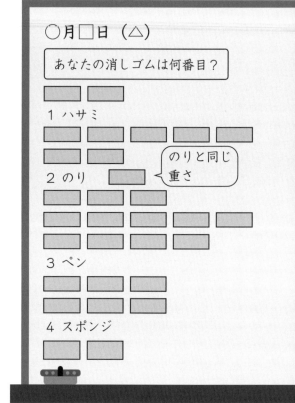

○月□日（△）

あなたの消しゴムは何番目？

1 ハサミ

2 のり

のりと同じ重さ

3 ペン

4 スポンジ

 この中で一番重い消しゴムは？

てんびんで全員分を比べるのは大変

ハサミの上の子どもの中から「一番重いのはこの人かな」と一人取り上げる。そうとは限らないという批判から，どうやって順番を明らかにするかを問う。

※「はっきりさせたい」という思いが大切。一番を考える必要がなければ，二番目，三番目を話題にしていく。

 どうやって比べる？

長さのときみたいに数が…

長さ比べの活動や生活の中の重さ表記などを想起しながら数値化するアイデアに気付かせたい。数値化のアイデアが出てから1円玉の何枚分かで調べることを提案する。

任意単位による数値化である。

10	小数
11	**重さ**
12	分数
13	□を使った式
14	2桁のかけ算
15	倍の計算
16	二等辺三角形・正三角形・角
17	表とグラフ
18	そろばん
19	3年のまとめ

本時の評価

・任意単位（1円玉）を用いることで身の回りのものの重さを数値化して表し、比較する方法を考え、説明することができたか。

準備物

・手作りてんびん
・1円玉　・消しゴム
・スポンジ、ペン、スティックののり、ハサミ

一番重いのはだれの消しゴムかな？

クラス全員の消しゴムを
1つ1つくらべたら、時間
がかかる。

〈くらべ方〉
○それぞれの重さをはかる。
　1円玉何まい分かで表そう。

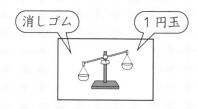

消しゴム　　1円玉

つり合ったときのまい数で調べる。

▭	22まい分	22g ③
▭	23まい分	23g ②
▭	25まい分	25g ①
▭	18まい分	18g ⑥
▭	22まい分	22g ③
▭	21まい分	21g ⑤

> 数字で表すとすぐにじゅん番がわかる

↓

○○さんの消しゴムが一番重い。

理由は・・・

1円玉1まい　1g（1グラム）

𝓰　　　𝓰　　　𝓰

☆身の回りのものは何g？

---

4 1円玉1枚を「1g」と言います

重さも数で表せる！

長さやかさと同様に、重さにも普遍単位があることを確認する。普遍単位とは、条件や場所に、影響を受けない世界共通の単位のことである。

重さの単位には、g（グラム）があり、1gと筆記体で正しく書けるようにする。

まとめ

数字で表すとすぐに分かる

1円玉の枚数をgに変えて、消しゴムの重さを表す。その後、順位を確認し、数値化することのよさを確認する。

最後に、身の回りのものの重さを予想し、1円玉とてんびんを使って測る。

本時案

貯金箱の重さは？

本時の目標

・硬貨の重さを調べることを通して、「g」を使った表し方を理解する。

授業の流れ

1 貯金箱は何 g かな？

中身は何円玉かなあ

〇月□日（△）

ちょ金ばこは何 g ？

□円玉が 20 まい入っています。
ちょ金ばこの重さは 150g です。

お金のしゅるいによって
重さはかわりそう。

－50 円玉だったらー
・大きくててんびんでははかれない。
・50 円玉 1 まいの重さを調べる。
　てんびんで、1 円玉（1g）の何枚
　分か？
・計算でもとめられそう。

貯金箱を取り出して「□円玉が20枚入っています。全体の重さは何 g かな」と問題を提示する。貯金箱自体の重さは伝えておく（貯金箱には実際に500円玉が20枚入っている。ただし，子どもたちには最後まで見せない）。

「もし50円玉だったら」と仮定する。貯金箱が大きく，手作りてんびんでは量れないことから，工夫して考える必要が出てくる。

2 50円玉 1 枚は何 g かな

てんびんを使って量ろう

このような，子どもの疑問を取り上げ，50円玉 1 枚の重さをてんびんで量る。1 円玉 4 枚分で 4g なので，4×20＝80。お金だけの重さは80g になる。

3 もし500円玉だったら？

50円より重そう…

次の貯金箱は，500円玉の貯金箱である。

「500円玉が20枚入っています。全体の重さは何 g かな」と問う。

1 枚分の重さが 7g であることを調べて，7×20＝140と計算する。お金だけの重さは140g であることが分かる。

10 小数

11 重さ

12 分数

13 □を使った式

14 2桁のかけ算

15 倍の計算

16 二等辺三角形・正三角形・角

17 表とグラフ

18 そろばん

19 3年のまとめ

本時の評価

・硬貨 1 枚の重さを単位にして，貯金箱の重さを調べる
　方法を説明することができたか。

準備物

・手作りてんびん
・貯金箱（500円玉 ×20枚）
・上皿自動はかり
・1 円玉， 5 円玉， 10 円玉， 50 円玉， 500 円玉

他のお金も調べたい。

どうやってたしかめる？

50 円玉だったら

1 まい・・・4g

（式）4 × 20 = 80
　　　80 + 150 = 230

（答え）230g

1 円玉だったら

（式）1 円玉 1 まい・・・1g
　　　1 × 20 = 20
　　　20 + 150 = 170

（答え）170g

・上皿自動はかり
・電子はかり
・体重計

たしかめてみよう。

500 円玉だったら

1 まい・・・7g

（式）7 × 20 = 140
　　　140 + 150 = 290

（答え）290g

10 円玉だったら

10 円玉 2 まい・・・9g

（式）9 × 10 = 90
　　　90 + 150 = 240

2 まいの 10 倍で 20 まい

（答え）240g

290g

500 円玉

4 他の硬貨かも？

「1 枚分の重さが分かれば解決できる」とい
う気付きから硬貨の重さをてんびんで調べる。

　1 円玉 1 枚　　1 枚分　1g

　10 円玉 2 枚 = 1 円玉 9 枚分　4.5g

　5 円玉 4 枚 = 1 円玉 15 枚分　3.75g

※ 5，10円玉については実態に合わせて扱う。

まとめ

 正解はどれかな？

　量るものの大きさや重さが大きすぎたり
小さすぎたりすると，てんびんでは確かめ
られない。「重さを量る道具」について話
題にし，はかりの存在を確認する。

　最後は，上皿自動はかりで貯金箱の重さ
を量って重さを確認する。

本時案

はかりが違う？

・はかりの機能と使い方，重さの測定の仕方を理解するとともに，重さの単位「kg」を知る。

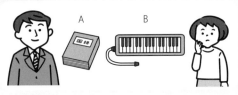

○月□日（△）

| どちらが重いでしょう。 |

☆ A 国語じてんと
　　B けんばんハーモニカ

持って予想してみよう。

ぜったい B が重い！
A：国語じてん
　　400g？500g？
B：けんばんハーモニカ
　　800g？1000g？
　　半分くらいの重さ？

| はかりでたしかめよう。 |

目もりが見えない？
でも、はりの動きでわかる。

授業の流れ

1 どっちが重いかな？

A 国語辞典と B 鍵盤ハーモニカを比べる。

手で持って明らかに鍵盤ハーモニカが重いことを確かめる。

※国語辞典と鍵盤ハーモニカにこだわらず，A：700〜900g のものと B：1000〜1400g の2つのものを比較させる。

2 はかりに載せて確かめよう

目盛りが
見えないよ！

目盛りを画用紙で隠した状態で，秤量が1kg のはかりに国語辞典，秤量が2kg のはかりに鍵盤ハーモニカを載せる。

針の向きだけを見ると，国語辞典の方が重い状態になる。

3 国語辞典の方が重いね

何かおかしい！

「国語辞典の方が重いね」と投げかけると子どもは納得しない。「はかりが違う」「何 g まで測れるかで違う」と反論する。

「1000g までだったら800g くらいだけど，2000g までだったら1600g くらいになる」

10 小数
11 重さ
12 分数
13 □を使った式
14 2桁のかけ算
15 倍の計算
16 二等辺三角形・正三角形・角
17 表とグラフ
18 そろばん
19 3年のまとめ

本時の評価

・秤量の異なるはかりについて，それぞれの秤量や各目盛りがいくつを表しているか説明することができたか。
・はかりを使って，1kg以上の重さを正しく量ることができたか。

準備物

・上皿自動はかり（1kg，2kg）
・国語辞典
・鍵盤ハーモニカ

A 国語じてん　B けんばんハーモニカ

答え　　国語じてんの方が重い

そうとは
言えない

はかりが
ちがう

はかりがちがうってどういうこと？
○はかれる重さがちがう　　○目もりがちがう

1000gまではかれる　　2000gまではかれる
　　750g　　　　　　　　　1200g

答え　　けんばんハーモニカの方が重い

新しいたんい：kg
1000g＝1kg（キログラム）

けんばんハーモニカ
1200g＝1kg200g

ランドセルの重さを調べよう。

どっちのはかりを使う？

1kgよりも重そう。
↓
2kgまではかれるはかりを使う。

4 2つのはかりは何が違うかな？

 見た目は同じだけど…

目盛りにかぶせてあった紙を取り，秤量が異なること（1kgと2kg）を確認する。
目盛りの表記にあるように「1000g＝1kg」「2000g＝2kg」であることを伝え，重いものを測るときには「キログラム」を使うことを知る。

まとめ

 どっちのはかりを使う？

最後に，ランドセルの重さを予想させ，使用するはかりを選ばせる。時間があれば，身近にある1kgを超えそうなものを測り記録させる。2kgを超えるものがあったら，さらに秤量の大きなはかりの必要性を話題にし，4kgや12kgを紹介する。

本時案

1 kg をつくろう！

本時の目標

・水のかさと重さの関係（1L＝1kg）を理解し、それを活用して身の回りのもので1kgをつくることで、重さの感覚を培う。

授業の流れ

1 水で1kgをつくろう

どのくらいまで入れたらいいかな？

いろいろな大きさのペットボトル（500mL, 1L, 2L）を用意し、1kgになるように水をくむ。はかりで量って、調整しながら、ぴったり1kgに近づける。

○月□日（△）

ペットボトルに水を入れて、ぴったり1kgをつくろう。

ぴったり1kgになったもの

○500mLが2本　　　○2Lの半分

○1Lちょうど

水1Lの重さが1kg

2 水1Lが1kg

形を変えても重さは一緒

1kgが完成したら紹介し合う。
・1Lのペットボトルを満たす
・2Lのペットボトルの半分
・500mLの2本分
これらの結果から、「1L＝1kg」という、かさと重さの関係に気付く。

3 教室にあるもので1kgをつくろう

水1Lと同じ重さだ

班ごとに教室にあるもので1kgをつくらせる。3回までチャレンジしてよいが、1kgをオーバーするとそこで記録なしというルールで行う。

2でつくった1kgのペットボトルと比べながら活動し、重さの感覚も身に付けていく。

10	小数
11	重さ
12	分数
13	□を使った式
14	2桁のかけ算
15	倍の計算
16	二等辺三角形・正三角形・角
17	表とグラフ
18	そろばん
19	3年のまとめ

本時の評価

・1L＝1kgであることが分かり，実際に1kgの重さをつくることができたか。
・身近なものを組み合わせたり，差し引いたりして，正確に重さを量ることができたか。

準備物

・ペットボトル（500mL，1L，2L）
・ケース（かご）
・上皿自動はかり

教室にあるもので1kgをつくろう。

〈ルール〉
・はんで相談して決める。
・3回までチャレンジできる。
・1kgをこえたら，その時点で記ろくなし。
3回のうち，一番1kgに近い記ろく
※1つでもよい。いくつかの合計でもよい。

たくさんありすぎて
はかりにのらないとき

ケースに入れて重さを
はかる
後でかごの重さをひく

かごの重さ 200g

〈1つで1kgのもの〉
・セロハンテープ台
・ランドセル

〈いくつかの合計で1kgのもの〉
・国語じてんとハサミと筆箱とのり

前の時間にはかっていた重さ
が役に立つ

---

4 たくさんのときは，どうやって量る？

ケースの分が
重くなっちゃう

1時間目の授業を生かして，重さが分かっている文房具を活用する子どももいる。しかし，たくさんのものをはかりに載せようとすると載らずに量れない。ケースを用意して，その中に入れて量るアイデアも出るだろう。ケースの重さの処理を考える活動も仕組める。

まとめ

　1kgづくりの活動では，単元導入時の，てんびんを用いて量った文房具の重さ等が活用できる。

　ケースにものを入れて量る活動では，後でケースの重さを引くことが，3時間目の貯金箱の重さを足したり引いたりしたことが活用できる。

　単元の中で学んだことが生かせる場面を意図的に設定し，子ども自身が活用することを待つようにする。

本時案

1000kg を超える 重さはどれくらい かな？

授業の流れ

・重いものの重さを表す単位 t（トン）, 1 t＝1000kg の関係を理解する。

○月□日（△）

生まれた時の体重をつくろう。

どうやってつくる？

2500g だったら
　2L を 1 本と 500mL を 1 本
3000g だったら
　1L を 3 本

意外と重い。
お母さん大へん！

配慮が必要な場合は，平均体重や代表者（教師など）の体重を課題にする。

---

1 生まれたときの体重をつくろう

3000g って
どのくらい？

　前時に使ったペットボトルを使って，生まれたときの体重をつくる。1kg が分かっているので，見通しをもってつくることができる。袋に入れて抱いたりおぶったりすると，量感も育つ。

※生まれたときの体重を事前に調べさせておく。

---

2 どのくらい大きくなった？

約10倍かな

　班の代表の子どもの体重を再現する。
　（配慮が必要であれば，3 年生の平均体重約30kg を課題にする）
　赤ちゃんのときから約10倍増えていることを，視覚的にも実感できる。

---

3 全員分を集めると？

ペットボトルが
足りないよ

　ペットボトルで実際につくることは難しい。35人学級であれば，30kg×35＝1050kg と計算で求める。
　（1000kg を超えるように，人数は設定する）
　1000kg＝1t であることを確認する。

10
小数

11
重さ

12
分数

13
□を使った式

14
2桁のかけ算

15
倍の計算

16
二等辺三角形・正三角形・角

17
表とグラフ

18
そろばん

19
3年のまとめ

本時の評価

・ペットボトルの水の重さをもとに，自分の体重や，クラス全員分の体重を求めることができたか。
・1 t ＝1000kg の関係を理解し，「何のいくつ分」という表現で1トンを表現することができたか。

準備物

・ペットボトル

今の体重をつくろう。

どうやってつくる？

30kg だったら
30000g ということ
2L を 15 本
1L を 30 本

すごく重い。
やく 10 倍にふえている。

クラス全員分の重さは？

どうやってつくる？
つくれない。

計算しよう。
30kg×35＝1050

答え 1050kg
　　　1 t50kg

1 t（1トン）＝1000kg

1 t（1トン）調べ
何のいくつ分？

3 年生　　　やく 33人分
1L の水　　1000 本分
ランドセル　900 こ分
5kg の米　　200 ふくろ分

4 1 t は何のいくつ分？

1 t は1000kg だから…

1 t は 3 年生の約33人分であることを確認した後，他に「何のいくつ分」と言えるかを考える。
　1 L のペットボトル1000本分
　ランドセル約900個分
　5 kg のお米200袋分

まとめ

知っている重さのいくつ分ならイメージできる

1 t の量感をつかむのは難しい。
　だからこそ，身近なもののいくつ分という表現でまとめ，1 t の重さを，身近なものと関連付けて捉えることができるようにする。

本時案

芋づる式に解決しよう！

授業の流れ

1 箱の中身はどんなボール？

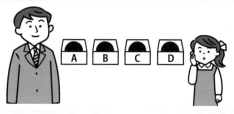

○月□日（△）

箱の中身はどんなボール？
ヒント① 全て合わせると1kg180g
ヒント② AとBの合計は530g
ヒント③ BとCの合計は950g

かい決できない！

分かること

○A はたぶん軽い
AB は 530g　AD は 230g
○C はたぶん重い
BC は 950g　CD は 650g

CD の重さは分かる
1kg 180g－530g＝650g
AD の重さは分かる
1kg 180g－950g＝230g

　4つの箱に4種類のボールが入っていることを確認した後，順にヒントを出す。
ヒント1　全て合わせると1kg180g
ヒント2　AとBの合計は530g
ヒント3　BとCの合計は950g
このヒントから，解決を試みる。

2 これでは解決できない

どうして？

　解決できない理由を問い，条件不足を確認する。
「A は軽いボールだ」
「C は重いボールだ」
　正確な重さは分からなくても，限られた情報から分かることを明らかにしていく。

3 あと1つだけヒントをあげよう

何が分かればいいかな？

　「1つだけ」という条件で，子どもは慎重に解決の見通しをもち，ヒントを聞き出す。解決に必要な条件を自ら獲得する力を発揮させたい。聞き出したヒントによって，解決の道筋は異なる。"芋づる式"に全ての重さが導き出せることの説明をノートに書く。

10 小数

11 重さ

12 分数

13 □を使った式

14 2桁のかけ算

15 倍の計算

16 二等辺三角形・正三角形・角・

17 表とグラフ

18 そろばん

19 3年のまとめ

準備物

・箱（4つ）　・上皿自動はかり
・数種類のボール（ソフトテニス
ボール，バスケットボール，サッ
カーボール，ソフトボール等）

どんなヒントがほしい？

1つだけ聞きに来て OK

A の重さ：30g
・530g－30g＝500g(B)
・230g－30g＝200g(D)
・950g－500g＝450g(C)

ABC の合計：980g
・1kg180g－980g＝200g(D)
・650g－200g＝450g (C)
・950g－450g＝500g(B)
・530g－500g＝30g(A)

1つ分かれば全部わかる。
いもづる式

正体はなんでしょう？

A：30g
ソフトテニスボール
B：500g
バスケットボール
C：450g
サッカーボール
D：200g
ソフトボール

---

4 その重さのボールの正体は？

実際にボールを
持ってきて量ろう

　導き出した数値から，ボールの正体を予想す
る。その後，実際にボールを持ってきて，はか
りを使って確かめる。
　A：ソフトテニスボール 30g
　B：バスケットボール 500g
　C：サッカーボール 450g
　D：ソフトボール 200g

まとめ

　最後に箱の中身を確認する。
・条件不足から分かることを導くこと。
・必要な条件を自ら質問すること。
・量感を働かせ，実際にはかりで正確に
　計測すること。
　複雑な問題解決に役立つ考え方を，振り
返りながら価値付ける。

本時案

重さカードで遊ぼう

本時の目標

・重さカードをつくって遊ぶ活動を通して，具体物を見て重さを推測したり，重さから具体物を推測したりしながら，重さの量感を養う。

授業の流れ

1 重さカードをつくって遊ぼう

これまでの学習で量ってきたものとその重さを振り返る。カードの表にはものを，裏にはそのものの重さを書く。

※文房具，水，辞書等，20枚を目指す

〈例〉

表　　裏　　表　　裏

○月□日（△）

| 重さカードをつくって，あそぼう |

| 500 円玉 | 7g |
| 表 | うら |

グループで 20 まいつくろう。

・これまでの学習ではかったもの。

・足りなければ，今はかってもよい。

---

2 重さカードでカルタをしよう

表しか見えないから重さは予想しないと

カードを全て表にして並べ，カルタ取りをする。問題例は以下の通り。

「10gより軽いもの」

「1kgより重いもの」

「500g～1000gのもの」など

身近なもののおよその重さを把握する。

3 2kg を超えたらアウトゲーム

計算もしっかりしないと…

例を示しながら新しいゲームのルールを確認し，グループごとにゲームを行う。

ゲームを楽しみながら，重さの計算を正しくしたり，1000gを超えたときにkgの単位に置き換えたりする活動をたくさん行うことになる。

| 10 小数 |
| 11 重さ |
| 12 分数 |
| 13 □を使った式 |
| 14 2桁のかけ算 |
| 15 倍の計算 |
| 16 二等辺三角形・正三角形・角 |
| 17 表とグラフ |
| 18 そろばん |
| 19 3年のまとめ |

本時の評価

・重さから，およその重さに当てはまる具体物を想起することができたか。

・重さのたし算，ひき算を正しく計算したり，g と kg を正しく置き換えたりすることができたか。

準備物

・重さカード
・封筒（袋）

重さカードでカルタ

10g い下
○ ○

11〜100g
○ ○ ○ ○

101〜500g
○ ○ ○ ○ ○

501〜1000g（1kg）
○ ○ ○ ○

1001g い上
○ ○ ○ ○ ○

2kg をこえたらアウトゲーム

・ふくろの中からじゅん番に1まいずつ引く。

・引いた人だけ重さをかくにん→表を上にしてつくえにおく。

・2kg をこえそうだと思ったら、引く前に「ストップ」。

・全員が「ストップ」をかけたところでカードの合計が、2kg に近い人が勝ち。

> 2kg とのさ

> いつ、ストップかけるかなやむ

けんハ　消しゴム

1200g ＋　25g

―ポイント―

○相手のカードをよく見る。
　見えているカードからのこっているカードを予想する。

→1kg をこえるカードがのこっていないかは大事。

---

4 こんなときどうする？

> 2kg に近づくと悩むなあ

悩んだ場面を取り上げて全体で話題にする。例えば，「いつストップをかけるか」という悩みである。これについては，相手の手持ちのカード（表しか見えない）をよく見て，残りのカードやその重さを予想することなどのアイデアが挙げられる。こうした思考を繰り返し，重さの量感を養う。

まとめ

> いろいろな遊び方ができそう

改善のポイントを確かめたら，ゲームを繰り返し楽しむ。可能ならば，子どもに新しい遊び方を考えさせるのもいい。

○全部配った後，同時に1枚ずつ出して，一番重い人が総取りしていく。

○2枚カードを引いて，その間の重さのものを身の回りから見つけられたらポイント。

本時案

k（キロ）や
m（ミリ）って
どんな意味かな？

9/9

本時の目標

・重さ，長さ，かさの単位について整理し，かさの単位 kL や，重さの単位 mg を知る。

授業の流れ

1 これらは何でしょう

長さやかさの単位だ

カードに書いた単位を黒板に提示し，「何が書いてあるか」と子どもに問う。

「重さの単位だ」

「長さの単位もあるよ」

「かさの単位も入っています」といった気付きを引き出す。

まとめ

○k（キロ）がつくと

　1 kg＝1000g

　1 km＝1000m

　1 kL＝1000 L

○m（ミリ）がつくと

　1 g＝1000mg

　1 m＝1000mm

　1 L＝1000mL

導入では，カードを黒板の左にランダムに掲示しておく。右に整理した後，まとめを書く。

---

2 このカードをきれいに並べよう

きれいに並べると表みたい

1 g の左に10g，100g，1 kg と順に並べる。

1 m の左に10m，100m，1 km と並べる。

右から左へ，量が多くなることを確認する。

3 「k（キロ）」ってどんな意味？

1→10→100の次に k がある

1 g の1000倍が 1 kg，1 m の1000倍が 1 km だから，「k（キロ）」は1000倍とか1000個分といった意味があることに気付く。

L の1000倍は，「1 kL（キロリットル）」ではないかと推測する子どもがいたら認めて，「1 kL＝1000L」であることを教える。

10 小数

11 重さ

12 分数

13 □を使った式

14 2桁のかけ算

15 倍の計算

16 二等辺三角形・正三角形・角

17 表とグラフ

18 そろばん

19 3年のまとめ

本時の評価

・長さや重さ，かさについての単位とその接頭語に着目して，k（キロ）がつくと1000個分の大きさになり，m（ミリ）がつく大きさの1000個分が基準の大きさになるなど，それぞれの量の単位の関係を考え，説明することができたか。

準備物

・単位を書いたカード

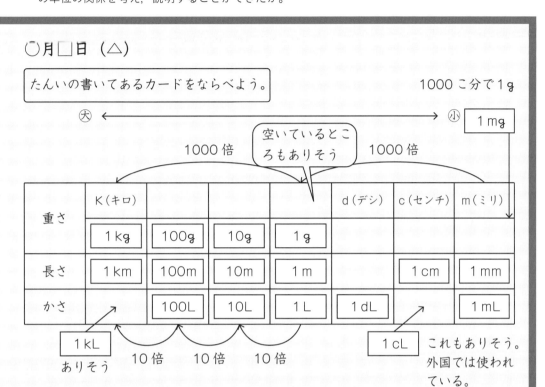

○月□日（△）

たんいの書いてあるカードをならべよう。

1000 こ分で1g

大 ⟵―――――――――――――――――――――――――――⟶ 小 1mg

1000倍 空いているところもありそう 1000倍

	K（キロ）				d（デシ）	c（センチ）	m（ミリ）
重さ	1kg	100g	10g	1g			
長さ	1km	100m	10m	1m		1cm	1mm
かさ		100L	10L	1L	1dL		1mL

1kL ありそう

10倍 10倍 10倍

1cL これもありそう。外国では使われている。

4 ここは1mgかな？

どうしてそう思ったの？

「m（ミリ）」の意味についても話し合う。

1mや1Lの$\frac{1}{1000}$の長さやかさの単位があるのならば，重さにも$\frac{1}{1000}$の単位「1mg（ミリグラム）」があるはずだと推測する子どもがいたら認める。そして「1g＝1000mg」であることを教える。

まとめ

カードを並べた結果，見えてきた単位の関係を，接頭語k（キロ）m（ミリ）等に分けてまとめる。

また，表の空いているところに入りそうな単位を考えさせても面白い（cLなど）。

12 分数 (10時間扱い)

単元の目標

・はしたの大きさや等分してできる部分の大きさなどを表すのに分数が用いられることや，表し方について理解する。
・分数についても加法・減法ができることを知り，簡単な計算ができるようにする。

評価規準

知識・技能	○分数の表し方や相等・大小関係，加法・減法が分かる。 ○はしたや等分してできる大きさを，分数を用いて表すことができる。
思考・判断・表現	○はしたを表すのに，単位量を何等分かした1個分を単位として考えることができる。
主体的に学習に取り組む態度	○整数では表し切れないはしたが出た場合に，はしたで単位を測り，その何個分かで表そうとする。

指導計画　全10時間

次	時	主な学習活動
第1次 分数の意味と その表し方	1	1mに満たないはしたの長さを考える際，1mを4等分した1個分の大きさで考え，その大きさを分数で表すことを理解する。
	2	分数の大きさは，単位分数の何個分で表すことを理解する。
	3	「分数」「分母」「分子」の用語の意味を知る。また，液量についても，端数部分の大きさを分数で表せることを理解する。
	4	数学的活動を通して，等分することや単位分数の何個分で大きさを表すことの理解を深める。
第2次 分数の仕組み	5	等分した1個分の大きさをもとに，分数の構成と表し方を理解し，分数の大小について理解する。
	6	単位分数の何個分という表し方をもとに，単位量を超える大きさも分数で表すことができることを理解する。
	7	分数と小数の関係や，小数の$\frac{1}{10}$の位について理解する。
第3次 分数のたし算とひき算	8	分数の加法を適用する場面を理解する。また，和が1以下になる場合の同分母分数の加法の計算の仕方を理解する。
	9	分数の減法を適用する場面を理解する。また，同分母分数の減法の計算の仕方を理解する。
第4次　まとめ	10	分割分数と量分数の違いを理解する。

単元の基礎・基本と見方・考え方

⑴分数の学習の関連と発展

第2学年では，$\frac{1}{2}$，$\frac{1}{3}$などの簡単な分数について知り，もとの大きさに着目し，数の大きさについて考えてきている。また，第3学年では，既習内容である小数と関連付けて，分数の意味や表し方について理解できるようにするとともに，加法と減法の計算について知る。さらに，第4学年では，第3学年での理解の上に，異分母分数の加法と減法について学習することとなっている。

⑵分数の意味とその表し方

この場面では，1に満たないはしたの大きさを考える際，単位量を何等分した1個分の大きさであるかを考え，その大きさを分数で表すことを理解することが学習内容となっている。

テープを使って長さを考える場面では，はしたの長さをmで表す方法を考える活動を通して，1mを等分したときの長さで比較する考え方を引き出していく。また，はしたの長さをもとにすると，4つ分で1mになるという考え方を引き出していく。この考え方は，次時以降に学習する上で大切な考え方となってくるため，十分に押さえておきたい。これは，液量を考える上でも同様である。

⑶分数の仕組み

この場面では，等分した1個分の大きさをもとに，分数の構成と表し方を理解し，分数の大小について理解することが学習内容となっている。

それぞれの長さにあたるところに色を塗る活動や数直線の□に入る数を考えさせる場面では，1マス増えるごとに$\frac{1}{5}$mずつ増えることに気付かせる。この，「それぞれの長さは，単位分数がいくつか合わさって表されているという見方」は，分数の大小比較にもつながる見方である。この見方を全体で共有し，価値付けることが大切である。

⑷分数のたし算とひき算

この場面では，単位分数の何個分で考えると，整数と同じように分数の加法や減法の計算ができることを理解し，図や式を用いて考え，それを説明することが学習内容となっている。

分数の加法や減法について考える際，整数と同じように加法や減法が適用されることは理解できても，どのように計算すればよいか戸惑う子がいる。ここでは，単に計算の仕方を教えるだけでなく，テープ図や数直線を使って，単位分数が何個分であるかという見方やその単位分数を加法や減法に適用する考え方を引き出すことが大切である。

10 小数

11 重さ

12 分数

13 □を使った式

14 2桁のかけ算

15 倍の計算

16 二等辺三角形・正三角形・角

17 表とグラフ

18 そろばん

19 3年のまとめ

本時案

黒板の縦の長さ は何 m かな？

本時の目標

・1 m に満たないはしたの長さを考える際、1 m を 4 等分した 1 個分の大きさで考え、その大きさを分数で表すことを理解する。

授業の流れ

1 黒板の縦の長さは何 m?

1 m ものさしを使うとどうかな

はしたが出ましたね。この長さを m で表すことができますか？

分数で表すとどうなるのかな

1 m を何等分かしたときの 1 個分の長さと同じにならないかな

　1 m を何等分かにしたときの 1 個分が、はしたの長さと同じになるのではないかという考え方を引き出し、1 m と何等分するとよいかという考えにつなげていく。

○月□日（△）

黒板のたての長さは何 m ですか？

1 m のものさし

はした

黒板の長さをはかりとった紙テープ

はしたの長さを m で表すにはどうすればいいのかな？

分数で表すとどうかな？

○はしたの長さは…？
1 m を何等分かにしたときの 1 こ分の長さと同じにならないかな？

2 はしたの長さを考えよう

1 m を 2 等分、3 等分、4 等分した図を並べてはしたの長さと比べると分かりそう

はしたと同じ長さはありますか？

1 m を 4 等分したときの 1 個分の長さと同じだよ

　はしたの長さが、1 m を 4 等分したときの 1 つ分と同じ長さであることを押さえる。
　また、この見方や比較の仕方を価値付ける。

3 はしたの長さの表し方を知ろう

1 m を 4 等分した 1 個分の長さを $\frac{1}{4}$ m と書き、四分の一メートルと読みます

　ここで、はしたの長さについて、1 m を 4 等分した 1 個分の長さを $\frac{1}{4}$ m と書き、「四分の一メートル」と読むことを知らせる。また、その書き方や書き順についても押さえる。
　できれば、定規を使って括線を引くように指導するとよい。

10
小数

11
重さ

12
分数

13
□を使った式

14
2桁のかけ算

15
倍の計算

16
二等辺三角形・正三角形・角

17
表とグラフ

18
そろばん

19
3年のまとめ

本時の評価

・1mの紙テープを4等分した1個分の長さを分数で表すには、どうすればよいかを考えることができたか。

・1mを4等分した1個分の長さを「四分の一」といい、「$\frac{1}{4}$」と書くことを理解することができたか。

準備物

・定規（1m）

・紙テープ

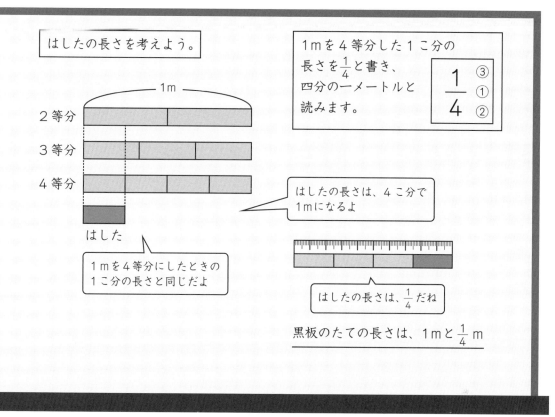

はしたの長さを考えよう。

1mを4等分した1こ分の長さを$\frac{1}{4}$と書き、四分の一メートルと読みます。

$\frac{1}{4}$ ③①②

2等分
3等分
4等分
はした

はしたの長さは、4こ分で1mになるよ

1mを4等分にしたときの1こ分の長さと同じだよ

はしたの長さは、$\frac{1}{4}$だね

黒板のたての長さは、1mと$\frac{1}{4}$m

4 はしたの長さは、何個で1mになるの？

4個分で1mになるよ

はしたの長さは、何mですか？

はしたの長さは、$\frac{1}{4}$mだね

4個分で1mになるはしたの長さは、1mを4等分したときの長さと同じになることを押さえる。また、この長さが$\frac{1}{4}$mであることを押さえる。

まとめ

　はしたの長さをmで表す方法を考える活動を通して、1mを等分したときの長さで比較する考え方を引き出す。

　また、はしたの長さをもとにすると、4つ分で1mになるという考え方を引き出す。この考え方は、次時以降に学習する上で大切な考え方となってくるため、十分に価値付けたい。

本時案

先生の机の長さは何mかな？

本時の目標

・分数の大きさは，単位分数の何個分で表すことを理解する。

授業の流れ

1 先生の机の長さは何m？

1mものさしより少し短いよ

この長さをmで表すことができますか？

前回と同じように分数で表せそう

1mを2等分したときの1個分の長さより長そうだね

　1mを2等分したときの1個分の長さより長そうであるという量感覚を引き出すことで，等分したときの1個分ではなく，複数個分になりそうだという予想をもたせる。

〇月□日（△）

先生のつくえの長さは何mですか？

1mのものさし

つくえの長さをはかりとった紙テープ

これをmで表すにはどうすればいいのかな？

〇1mより短い長さは？
1mを2等分したときの1こ分より
長そうだね。

2 紙テープの長さを考えよう

1m, $\frac{1}{2}$m, $\frac{1}{3}$m, $\frac{1}{4}$m, $\frac{1}{5}$m。
同じ長さはあるかな？

同じ長さはないね

でも，1mを4等分したときの3個分の長さと同じだよ

　はしたの長さが，1mを4等分したときの3つ分と同じ長さであることを押さえる。
　また，この見方や比較の仕方を価値付ける。

3 紙テープの長さの表し方を知ろう

$\frac{1}{4}$m の3個分の長さを$\frac{3}{4}$mと書き，四分の三メートルと読みます

　ここで，はしたの長さについて，1mを4等分した3個分の長さを$\frac{3}{4}$mと書き，「四分の三メートル」と読むことを知らせる。このとき，分母である4が単位量を等分した数で，分子がその何個分かであることを，テープ図をもとに視覚的に理解させる。

10
小数

11
重さ

12
分数

13
□を使った式

14
2桁のかけ算

15
倍の計算

16
二等辺三角形・正三角形・角

17
表とグラフ

18
そろばん

19
3年のまとめ

本時の評価

・$\frac{3}{4}$m は，1m を 4 等分した 3 個分の長さであることを理解することができたか。

準備物

・定規（1m）
・紙テープ

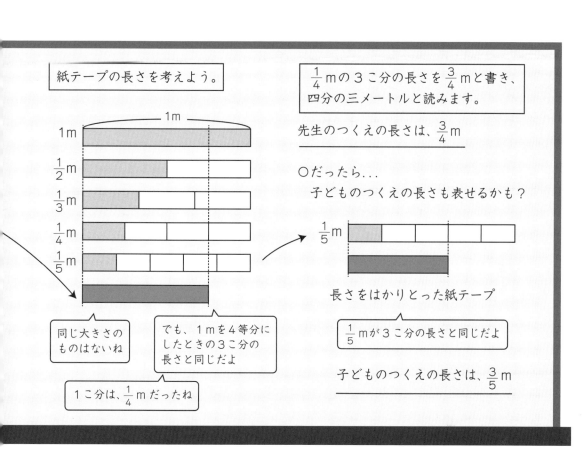

紙テープの長さを考えよう。

$\frac{1}{4}$m の 3 こ分の長さを $\frac{3}{4}$m と書き，四分の三メートルと読みます。

先生のつくえの長さは，$\frac{3}{4}$m

○だったら…
子どものつくえの長さも表せるかも？

長さをはかりとった紙テープ

$\frac{1}{5}$m が 3 こ分の長さと同じだよ

子どものつくえの長さは，$\frac{3}{5}$m

同じ大きさのものはないね

でも，1m を 4 等分にしたときの 3 こ分の長さと同じだよ

1 こ分は，$\frac{1}{4}$m だったね

---

4 紙テープの長さは何 m？

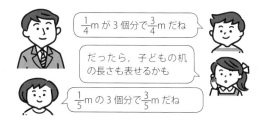

$\frac{1}{4}$m が 3 個分で $\frac{3}{4}$m だね

だったら，子どもの机の長さも表せるかも

$\frac{1}{5}$m の 3 個分で $\frac{3}{5}$m だね

$\frac{1}{4}$ を 1 個分としていくつ分になるかを分数で表す考え方を価値付ける。

また，適用問題として，子どもの机の長さを考える問題を提示し，単位量が違う分数の表し方を考えさせる。

まとめ

1m に満たない長さを m で表す方法を考える活動を通して，「○分の 1m のいくつ分」で表す考え方を引き出す。

また，量分数で表された数の分母が単位量を等分した数で，分子がその何個分かであることを，テープ図をもとに視覚的に理解させることが重要である。加えて，単位量が違う分数の表し方についても，理解を深めておきたい。

本時案

水のかさは何L かな？

・「分数」「分母」「分子」の用語の意味を知る。
・液量についても，端数部分の大きさを分数で表せることを理解する。

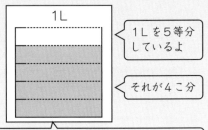

○月□日（△）

水のかさは何Lですか？

1L

1Lを5等分しているよ

それが4こ分

水のかさも、紙テープの長さと同じように分数で表すことができそう

○1目もり分のかさは…

1Lを5等分したときの
1こ分だから$\frac{1}{5}$L

$\frac{1}{5}$Lが4こ分だから$\frac{4}{5}$L

$\frac{4}{5}$L

授業の流れ

水のかさをLで表すことができますか?

1Lを5等分しているよ

それが4個分！

水のかさも，分数で表すことができるんじゃない？

　液量についても端数部分の大きさを分数で表すことができることに気付かせる。

　また，1Lを5等分した1個分が$\frac{1}{5}$Lであることをもとに，その4個分が$\frac{4}{5}$Lであるという考え方を引き出す。

1Lの水を4人で等しく分けるとき，2人分の水のかさは何Lになりますか？

1Lを4等分したときの1個分が入った1Lマスを4つつくるといいよ

それを2つ合わせると$\frac{2}{4}$Lになるね

　1Lを4等分して$\frac{1}{4}$Lが4つできることを表現させる。そこから2人分を合わせると$\frac{2}{4}$Lになることを視覚的に理解させる。量と数をつなげて考えさせることで理解を深めていく。

分数，分母，分子の用語を知ろう

　ここでは，$\frac{1}{4}$，$\frac{4}{5}$のように表される数を分数と言うことを押さえる。そして，分母と分子の表し方について押さえる。

　また，分母の数は，単位量を任意に等分した数であること，分子の数は単位量を何等分したときの何個分で表された数であること等，分母と分子の意味についてもしっかりと押さえる。

10	小数
11	重さ
12	分数
13	□を使った式
14	2桁のかけ算
15	倍の計算
16	二等辺三角形・正三角形・角
17	表とグラフ
18	そろばん
19	3年のまとめ

・1Lを等分し，それを何個か集めた大きさを，分数を用いて表すことができたか。
・「分数」「分母」「分子」の意味を理解することができたか。

・液量図

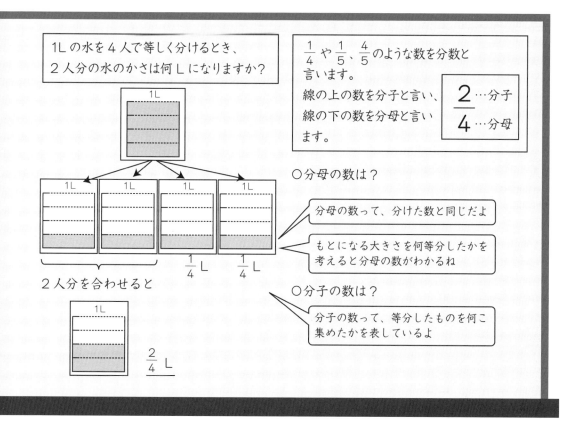

4 $\frac{2}{4}$ L の分母と分子の数って？

もとになる大きさを何等分したかを考えると分母の数が分かるね

分子の数って，等分したものを何個集めたかを表しているよ

$\frac{2}{4}$ L の図を振り返りながら，分母がもとになる大きさを何等分したかを表していること，分子がそれを何個集めたかを表していることを再度確認する。これは，今後の分数の学習でも大切となる見方・考え方である。この場面でしっかりと押さえたい。

まとめ

　水の量においても，はしたのかさは分数で表すことができることを理解させる。
　また，分母，分子の用語は，その意味をしっかりと押さえる。その際，学習過程で使用した図を用い，分母と分子の数と図で表された量を説明させる。数と図を何度も行き来させ，これを全体で共有する。こうした過程を丁寧に行うことで理解が深まっていくと考える。

本時案

分数を使って長さを測ろう！

4/10

本時の目標

・数学的活動を通して，等分することや単位分数の何個分で大きさを表すことの理解を深める。

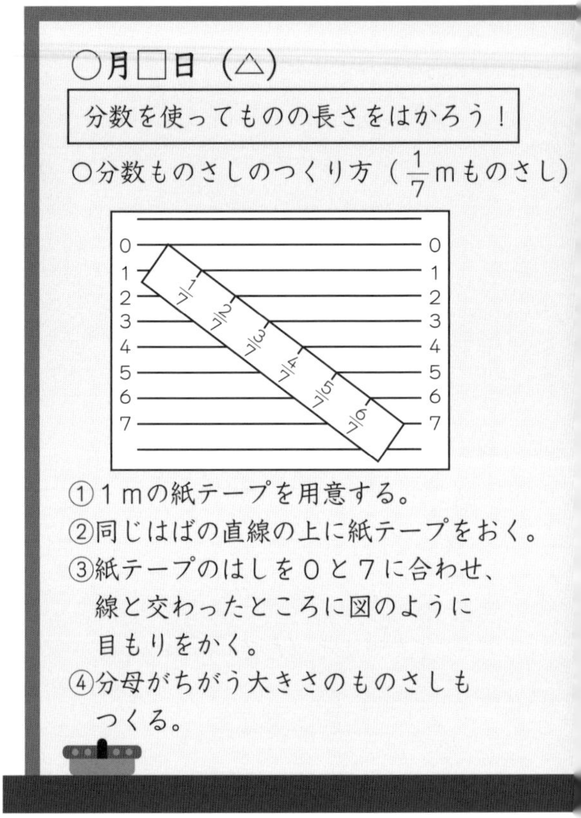

○月□日（△）
分数を使ってものの長さをはかろう！
○分数ものさしのつくり方（$\frac{1}{7}$mものさし）
①１mの紙テープを用意する。
②同じはばの直線の上に紙テープをおく。
③紙テープのはしを０と７に合わせ、線と交わったところに図のように目もりをかく。
④分母がちがう大きさのものさしもつくる。

授業の流れ

1 分数ものさしをつくろう！

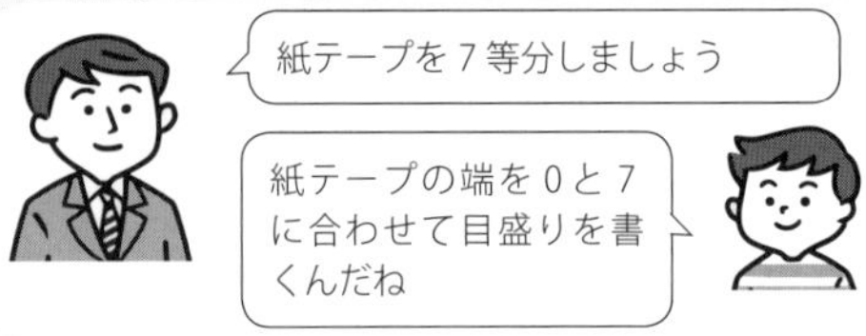

紙テープを７等分しましょう
紙テープの端を０と７に合わせて目盛りを書くんだね

グループごとに，分母が異なるものさしを数本つくらせる。その際，教室や体育館の床の板目を利用するとよい。適当な場所がないときは，模造紙に平行線を引いたものを用意する。

１mの紙テープを線の上に置くときは，端が０から始まっていることに注意する。ものさしができたら，等分されているか折って確かめさせるとよい。

2 ものの長さを測ろう

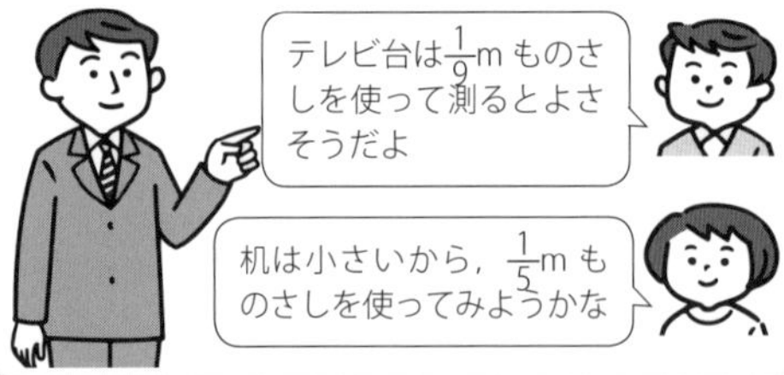

テレビ台は$\frac{1}{9}$mものさしを使って測るとよさそうだよ
机は小さいから，$\frac{1}{5}$mものさしを使ってみようかな

分数ものさしを使ってものの長さを測るときは，どのものさしを使うとよいか，ある程度見当をつけさせてから測らせるとよい。分数の理解を深めるだけでなく，量感覚を養うことにもつながるので大切にしたい。

3 ものの長さを交流しよう

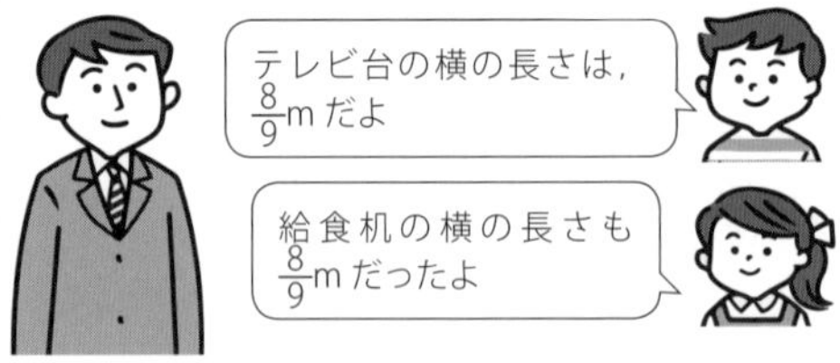

テレビ台の横の長さは，$\frac{8}{9}$mだよ
給食机の横の長さも$\frac{8}{9}$mだったよ

この場面では，様々なものの長さを量分数として捉えることができる。

また，この数学的活動を通して，大きさを単位分数の○個分で表すことができるという理解を深めることができる。

| 10 小数 |
| 11 重さ |
| 12 分数 |
| 13 □を使った式 |
| 14 2桁のかけ算 |
| 15 倍の計算 |
| 16 二等辺三角形・正三角形・角 |
| 17 表とグラフ |
| 18 そろばん |
| 19 3年のまとめ |

本時の評価

・分数ものさしをつくり，それを使って活動をする中で，学習内容を適切に活用し，進んで取り組むことができたか。

準備物

・紙テープ（1m）
・模造紙

分数ものさしを使ってはかったものの長さ。

・テレビ台（横）：$\frac{8}{9}$ m

・きゅう食づくえ（横）：$\frac{8}{9}$ m

・まどガラス（横）：$\frac{7}{9}$ m

・ぞうきん（横）：$\frac{2}{7}$ m

・ボールかご（横）：$\frac{2}{4}$ m

・引き出し（たて）：$\frac{1}{3}$ m

・こどもづくえ（たて）：$\frac{4}{10}$ m

表し方はちがうけど同じ長さだよ！

ふしぎ！

・子どもづくえ（横）：$\frac{3}{5}$ m，$\frac{6}{10}$ m

・子どもづくえ（高さ）：$\frac{2}{3}$ m

・水道のじゃ口とじゃ口の間：$\frac{4}{10}$ m

・1mじょうぎ（横）：$\frac{3}{3}$ m，$\frac{5}{5}$ m
　　　　　　　　　　　$\frac{6}{6}$ m，$\frac{10}{10}$ m…

これも同じ長さ！しかもいっぱい！

そりゃそうだよ！1mの紙テープだもん

水のかさも分数ものさしではかってみたい！

---

4 子ども机の横の長さは？

子ども机の横の長さは，$\frac{3}{5}$mだよ

え!? 僕たちが測ったときは，$\frac{6}{10}$mだったよ

表し方は違うけど同じ長さだよ！不思議だなぁ

　分数で表した長さを交流する中で，分母と分子の数が違っていても等しい大きさがあることに気付かせるのもよい。

まとめ

　子どもたちの中には，「$\frac{1}{4}$」という分数を4等分という分割操作としてだけ理解している子がいる。この分数ものさしを使った数学的活動は，実感を伴って量分数の理解につなげていくことができる。そのため，この場面での活動時間を十分に設けてやりたい。

　また，1m定規を分数ものさしで測らせることで，次時の「分母と分子の数が同じ分数は1」の学習の布石となる。

本時案

分数の大きさを
表そう！

本時の目標

・等分した1個分の大きさをもとに，分数の構成と表し方を理解し，分数の大小について理解する。

授業の流れ

1 それぞれの長さにあたるところに，色を塗ろう

簡単だよ！

下の□に入る数も分かるよ

1マスずつ塗るところが増えていくよ

$\frac{1}{5}$mずつ増えているね

それぞれの長さにあたるところに色を塗る活動や□に入る数を考えさせる活動を通して，1マス増えるごとに$\frac{1}{5}$mずつ増えることに気付かせる。

ここで，それぞれの長さは，単位分数がいくつか合わさって表されているという見方を引き出す。

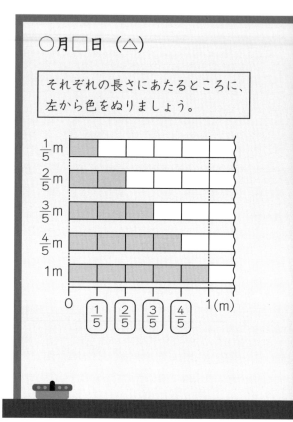

○月□日（△）

それぞれの長さにあたるところに、左から色をぬりましょう。

2 図を見て気付いたことは？

$\frac{2}{5}$は，$\frac{1}{5}$の2個分！

全て，$\frac{1}{5}$が何個分かで表すことができるよ

塗られた長さは，全て$\frac{1}{5}$が何個分かで表すことができることに気付かせる。この単位分数がいくつか合わさって構成されているという見方は，分数の大小比較にもつながるものである。この見方を全体で共有し，価値付ける。

3 $\frac{5}{5}$mと1mは同じ長さ？

$\frac{1}{5}$mが5個分で$\frac{5}{5}$mだよ

$\frac{1}{5}$mが5個分で1mになるから，$\frac{5}{5}$mと1mは同じ長さだね！

分数の分母と分子が同じ数のときは，1になることを確認する。また，数処理で理解しにくい子に対しては，図と分数（分母と分子の数）を何度も行き来させ，意味理解を深めていく。

10 小数

11 重さ

12 分数

13 □を使った式

14 2桁のかけ算

15 倍の計算

16 二等辺三角形・正三角形・角

17 表とグラフ

18 そろばん

19 3年のまとめ

○図を見て気づいたことは？

・$\frac{2}{5}$mは、$\frac{1}{5}$mの2こ分の長さだね。

・全て、$\frac{1}{5}$mの何こ分かで表すことができているよ。

・1mは、$\frac{1}{5}$mが5こ分の長さだね。

> $\frac{5}{5}$mと1mは同じ長さだね！

> 分母と分子の数が同じときは、1と等しくなります。　$\boxed{\frac{5}{5}=1}$

> $\frac{4}{5}$mと1mでは、どちらが長いでしょう。

○図で考えると…

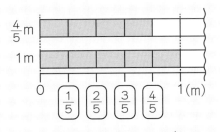

> 1mの方が、$\frac{4}{5}$mより長いよ！

○$\frac{1}{5}$mが何こ分かで考えると...
・1mは、$\frac{1}{5}$mが5こ
・$\frac{4}{5}$mは、$\frac{1}{5}$mが4こ

$$\frac{4}{5}\text{m} < 1\text{m}$$

---

4 > $\frac{4}{5}$mと1mではどちらが長い？

図を見ると，1mの方が$\frac{4}{5}$mより長いよ

$\frac{1}{5}$mが何個分かで考えると，1mは5個，$\frac{4}{5}$mは4個だよ

$\frac{1}{5}$mがそれぞれいくつ分であるかという考え方を引き出すことが大切である。このとき，図を用いて単位分数である$\frac{1}{5}$mの量を比べたり，$\frac{4}{5}$mと1mの差を見たりする見方・考え方を共有し，価値付ける。

まとめ

　分数の大きさを表したり大小比較したりする場合，「単位分数の何個分」としてみる見方が大切になる。この見方は，「分子が単位分数の個数を表している」という意味理解にもつながるものである。この見方は，1となる分数を考える際にも必要となる。

　さらに，次時の1より大きい分数の学習でも必要となるため，ここでしっかりと押さえたい。

本時案

1より大きい
分数を考えよう

本時の目標

・単位分数の何個分という表し方をもとに, 単位量を超える大きさも分数で表すことができることを理解する。

授業の流れ

1 □にあてはまる分数を考えよう

分子が1ずつ増えるから, ここは$\frac{6}{5}$mだよ

$\frac{1}{5}$mずつ増えているとも言えるよ

1より大きい分数を考えさせる際にも, 1目盛り増えるごとに$\frac{1}{5}$mずつ増えることに気付かせる。その際, 分子が1増えるときは, 単位分数である$\frac{1}{5}$mが1個増えるという考え方を引き出す。また, この場面では2mまで10目盛りあることから, 1目盛りを$\frac{1}{10}$mと取り違えないように注意する。1目盛りは$\frac{1}{5}$mであることを, 前時を振り返ったり, もとの数が何であるかを再度確認する。

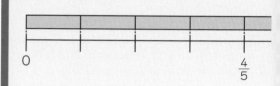

○月□日（△）

$\frac{1}{5}$mの5こ分より大きい長さは, どのように表せばよいでしょうか。

0　　　　　　　　　　$\frac{4}{5}$

$\frac{1}{5}$mの6こ分の長さを$\frac{6}{5}$mと書き, 五分の六メートルと言います。

2 図を見て気付いたことは?

全て, $\frac{1}{5}$mが何個分かで表すことができるよ

$\frac{6}{5}$mは, $\frac{1}{5}$mが6個分の長さだよ

1より大きい分数も, 全て$\frac{1}{5}$mが何個分かで表すことができるという考え方を引き出す。

また, $\frac{1}{5}$mの6個分の長さを$\frac{6}{5}$mと書き, 「五分の六メートル」と言うことを押さえる。

3 $\frac{10}{5}$mと2mは同じ長さ?

$\frac{1}{5}$mが10個分で$\frac{10}{5}$mだよ

$\frac{1}{5}$mが10個分で2mになるから, $\frac{10}{5}$mと2mは同じ長さだね!

この場面では, 分割分数と量分数の概念を混同する子がいる。2mを$\frac{10}{10}$mと勘違いする子がいた場合は, もとの大きさが1mであること, それを5等分していること, その1個分の単位分数は$\frac{1}{5}$mであることをしっかりと押さえ, 再度0mから$\frac{1}{5}$mが何個分で2mになるかを考えさせる。

10 小数

11 重さ

12 分数

13 □を使った式

14 2桁のかけ算

15 倍の計算

16 二等辺三角形・正三角形・角

17 表とグラフ

18 そろばん

19 3年のまとめ

本時の評価

・単位量を超える大きさを，単位分数の何個分として分数で表すことができることを理解することができたか。

・単位量を超える大きさを，単位分数の何個分として分数を捉え，説明することができたか。

準備物

・紙テープ

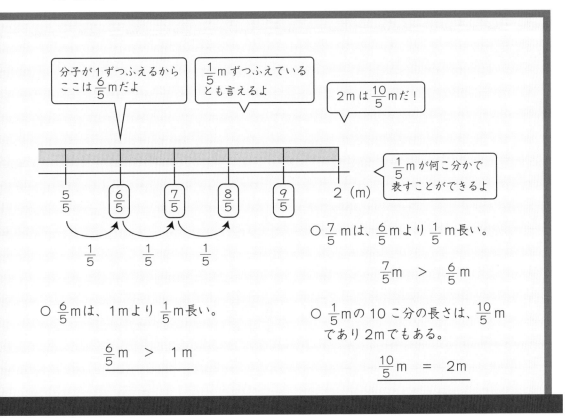

分子が1ずつふえるからここは $\frac{6}{5}$ mだよ

$\frac{1}{5}$ m ずつふえているとも言えるよ

2mは $\frac{10}{5}$ mだ！

$\frac{1}{5}$ m が何こ分かで表すことができるよ

○ $\frac{7}{5}$ mは、$\frac{6}{5}$ mより $\frac{1}{5}$ m長い。

$$\frac{7}{5}m \quad > \quad \frac{6}{5}m$$

○ $\frac{6}{5}$ mは、1mより $\frac{1}{5}$ m長い。

$$\frac{6}{5}m \quad > \quad 1m$$

○ $\frac{1}{5}$ mの10こ分の長さは、$\frac{10}{5}$ mであり2mでもある。

$$\frac{10}{5}m \quad = \quad 2m$$

4 $\frac{6}{5}$ mと1mではどちらが長い？

図を見ると、$\frac{6}{5}$ mの方が1mより $\frac{1}{5}$ m長いよ

$\frac{6}{5}$ mと $\frac{7}{5}$ mでは、どちらが長いですか？

$\frac{7}{5}$ mの方が $\frac{6}{5}$ mより $\frac{1}{5}$ m長いよ

単位分数である $\frac{1}{5}$ mが何個分であるかに着目させ、その単位をもとに大小比較できるようにさせることが大切である。

まとめ

この場面では、分割分数と量分数を混同し、2mを $\frac{10}{10}$ mと考える子が出てくる。2mは、$\frac{10}{5}$ mであることを理解させるには、「もとにする大きさ」は何か、「もとにする大きさ」を何等分しているか、その1個分の単位分数は何mかを再度確認することが大切である。そして、1より大きい分数も単位分数の何個分として分数で表すことができるかをしっかりと押さえることが大切である。

本時案

分数と小数の関係について考えよう

本時の目標

・分数と小数の関係や，小数の$\frac{1}{10}$の位について理解する。

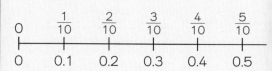

〇月□日（△）

分母が 10 の分数について、考えましょう。

数直線：
0, $\frac{1}{10}$, $\frac{2}{10}$, $\frac{3}{10}$, $\frac{4}{10}$, $\frac{5}{10}$
0, 0.1, 0.2, 0.3, 0.4, 0.5

> 0.1 と $\frac{1}{10}$ は、等しいよ

> 1 目もりは、0.1 になっているよ

〇 $\frac{1}{10}$ は、1 を 10 等分した 1 つ分
〇 0.1 は、1 を 10 等分した 1 つ分

授業の流れ

1 分母が10の分数について考えよう

> 数直線を見て分かることは何かな？

> 1 目盛りは，$\frac{1}{10}$になっているよ

> 1 目盛りは，0.1になっているよ

> 0.1と$\frac{1}{10}$は等しいよ

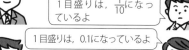

0と0.1，$\frac{1}{10}$，1以外の数が書かれていない数直線を用意する。この数直線から分かることを確認した後，書かれていない目盛りの箇所に数を書かせる。その際，$\frac{1}{10}$や0.1は，1を10等分した1つ分であることを押さえる。そして，それぞれ$\frac{1}{10}$ずつ，0.1ずつ右に増えていくことを押さえる。

2 分数と小数の関係を押さえよう

> $\frac{1}{10}$を小数で表すと，0.1になります

> 小数第一位のことを，$\frac{1}{10}$の位とも言います

$\frac{1}{10}$を小数で表すと，0.1になることを押さえる。また，小数第一位のことを，$\frac{1}{10}$の位と言うことを0.8を取り上げて押さえる。

　この場面では，数直線を用いて分数も小数も単位の何個分で表しているかという見方や，単位の個数が同じであれば等しい大きさであるという考え方を引き出す。

3 $\frac{1}{10}$の 8 個分を分数と小数で表そう

> $\frac{1}{10}$の 8 個分は，$\frac{8}{10}$だよ

> $\frac{1}{10}$の 8 個分は，0.8だよ

　分数と小数で書かれた数直線を使って考えさせる。その際，分母が10になる分数は，小数の0.1を単位にしてその何個分で表す仕方と同じ考えであることを押さえる。

10 小数

11 重さ

12 分数

13 □を使った式

14 2桁のかけ算

15 倍の計算

16 二等辺三角形・正三角形・角

17 表とグラフ

18 そろばん

19 3年のまとめ

本時の評価

・数直線上に表された $\frac{1}{10}$ を単位とした分数について，その大きさや小数との関係を理解することができたか。

1目もりは、$\frac{1}{10}$ になっているよ

$\frac{6}{10}$	$\frac{7}{10}$	$\frac{8}{10}$	$\frac{9}{10}$	1	$\frac{11}{10}$	$\frac{12}{10}$
0.6	0.7	0.8	0.9	1	1.1	1.2

$\frac{1}{10}$ を小数で表すと、0.1 になります。

$\boxed{\frac{1}{10} = 0.1}$

$$\begin{array}{ccc} 0 & . & 8 \\ \uparrow & & \uparrow \\ \text{一の位} & & \left(\frac{1}{10}\text{の位}\right)\text{小数第一位} \end{array}$$

小数第一位のことを $\frac{1}{10}$ の位とも言います。

○ $\frac{1}{10}$ の 8 こ分を小数で表すと…

$\frac{1}{10}$ の 8 こ分は、　$\frac{8}{10}$

$\frac{1}{10}$ の 8 こ分は、0.8

○等号や不等号を使って表すと…

$\frac{1}{10}$ $\boxed{<}$ 0.2

$\frac{5}{10}$ $\boxed{=}$ 0.5

0.6 $\boxed{>}$ $\frac{4}{10}$

$\frac{7}{10}$ $\boxed{<}$ 0.8

---

4 等号や不等号を使って表そう

0.2は、$\frac{2}{10}$ と等しいから，$\frac{1}{10}$ より0.2のほうが大きいね

$\frac{5}{10}$ を小数で表すと0.5になるよ。だから，$\frac{5}{10}$ と0.5は等しいよ

分数と小数の大きさを比べるときは，どちらかを分数あるいは小数に直して，分数同士，小数同士にして比べるとよいことに気付かせる。

まとめ

　分母が10になる分数と小数を比べさせるこの場面では，数直線を使って分数も小数も単位が何個分で表されているかをしっかりと考えさせたい。この考え方は，$\frac{8}{10}$ と0.8が等しい大きさであることを説明する場面で必要となる考え方である。また，異数の分数と小数を大小比較する場面でも同様に，必要となる考え方である。

本時案

分数のたし算を考えよう

本時の目標
- 分数の加法を適用する場面を理解する。
- 和が1以下になる場合の同分母分数の加法の計算の仕方を理解する。

授業の流れ

1 分かっていることは何かな?

- 昨日と今日飲んだ牛乳の量
- 求めることは何かな?
- 昨日と今日で合わせて何L飲んだか
- 「合わせて」だから、たし算かな

　場面を把握するために,「分かっていること」と「求めること」を切り離して問いかける。分数の加法を適用する初めての場面であるため,要素の抽出と計算方法の検討を丁寧に行う。

　また,分数同士のたし算について,式を立てさせ,図をもとにイメージをもたせる。

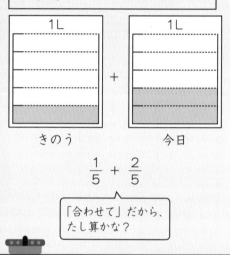

けんたさんは、牛にゅうをきのう $\frac{1}{5}$ L 飲み、今日 $\frac{2}{5}$ L 飲みました。合わせて何 L の牛にゅうを飲みましたか。

きのう ＋ 今日

$$\frac{1}{5} + \frac{2}{5}$$

「合わせて」だから、たし算かな?

2 分数のたし算の仕方を考えよう

- 図で考えると分かるかもしれないよ
- 数直線をかいてみると分かりそう

　分数の加法の仕方を,リットルますの図や数直線などを使い,既習事項と結びつけて考えさせる。

　また,この場面では既習事項である単位分数の $\frac{1}{5}$ L が何個分であるかという見方を働かせ,それを単位にして計算すればよいことを理解させる。

3 図を使って説明しよう

- $\frac{1}{5}$ L が1個分と2個分を合わせて3個分になるよ
- 数直線を見ても, $\frac{1}{5}$ L が単位になっていることが分かるよ

　図や数直線を使って考えると,分数の大きさがよく見えて計算の意味が分かりやすくなる。このことを説明させる場面でも,単位分数の $\frac{1}{5}$ L が何個分であるかという見方を大切にする。

分数のたし算を考えよう
078

10 小数

11 重さ

12 分数

13 □を使った式

14 2桁のかけ算

15 倍の計算

16 二等辺三角形・正三角形・角

17 表とグラフ

18 そろばん

19 3年のまとめ

本時の評価

・単位分数の何個分で考えると，整数と同じように分数の加法の計算ができることを図や式を用いて考え，説明することができたか。

・分数の加法の計算の仕方を理解することができたか。

準備物

・液量図

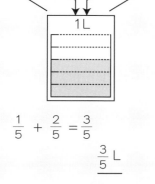

分数のたし算は，どのように計算すればよいのでしょうか。

合わせて

$\frac{1}{5}$ L $\frac{2}{5}$ L

1L

$\frac{1}{5} + \frac{2}{5} = \frac{3}{5}$

$\frac{3}{5}$ L

○図で考えると…

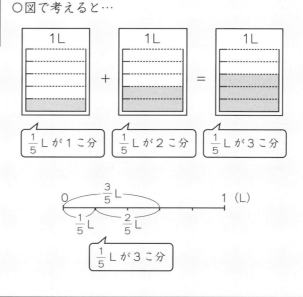

1L ＋ 1L ＝ 1L

$\frac{1}{5}$ L が1こ分 $\frac{1}{5}$ L が2こ分 $\frac{1}{5}$ L が3こ分

0 ─── $\frac{3}{5}$ L ─── 1 (L)

$\frac{1}{5}$ L $\frac{2}{5}$ L

$\frac{1}{5}$ L が3こ分

分数のたし算は，もとにする分数のいくつ分になるかを考えて，分子どうしをたすともとめられます。

4 分数のたし算の考え方を整理しよう

$\frac{1}{5}$ L がいくつ分になるかを考えると分かったよ

分数のたし算は，分子同士を足せばいいんだね

　単位分数の $\frac{1}{5}$ L が何個分であるかという見方をもとに，その個数を足すことが分子同士を足すことと同じであることに気付かせる。そして，分数の加法の計算の仕方の理解につなげていく。

まとめ

　分数でも，これまで通り加法が適用されることは理解できても，どのように計算すればよいか戸惑う子がいる。ここでは，単に計算の仕方を教えるだけでなく，リットルますなどの図や数直線を使って，単位分数が何個分であるかという見方やその単位分数を加法に適用する考え方を大切にする。

本時案

分数のひき算を考えよう

本時の目標

・分数の減法を適用する場面を理解する。
・同分母分数の減法の計算の仕方を理解する。

授業の流れ

1 分かっていることは何かな？

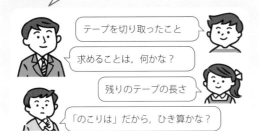

テープを切り取ったこと

求めることは，何かな？

残りのテープの長さ

「のこりは」だから，ひき算かな？

　場面を把握するために，「分かっていること」と「求めること」を切り離して問いかける。分数の減法を適用する初めての場面であるため，要素の抽出と計算方法の検討を丁寧に行う。

　また，分数同士のひき算について，式を立てさせ，図をもとにイメージをもたせる。

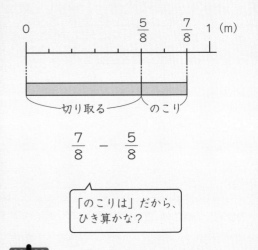

〇月□日（△）

$\frac{7}{8}$ mのテープから $\frac{5}{8}$ m切り取りました。のこりは、何mでしょう。

$\frac{7}{8} - \frac{5}{8}$

「のこりは」だから、ひき算かな？

---

2 分数のひき算の仕方を考えよう

図で考えると分かるかもしれないよ

数直線をかいてみると分かりそう

　分数の減法の仕方を，テープ図や数直線などを使い，既習事項と結びつけて考えさせる。

　また，この場面では既習事項である単位分数の $\frac{1}{8}$ m が何個分であるかという見方を働かせ，それを単位にして計算すればよいことを理解させる。

---

3 図を使って説明しよう

$\frac{7}{8}$ mは，$\frac{1}{8}$ mが7個分！

$\frac{5}{8}$ mは，$\frac{1}{8}$ mが5個分！
残りは，$\frac{1}{8}$ mが2個分だよ

　図や数直線を使って考えると，分数の大きさがよく見えて計算の意味が分かりやすくなる。

　このことを説明させる場面でも，単位分数の $\frac{1}{8}$ m が何個分であるかという見方を大切にする。

10 小数

11 重さ

12 分数

13 □を使った式

14 2桁のかけ算

15 倍の計算

16 二等辺三角形・正三角形・角

17 表とグラフ

18 そろばん

19 3年のまとめ

本時の評価

・単位分数の何個分で考えると，整数と同じように分数の減法の計算ができることを図や式を用いて考え，説明することができたか。

・分数の減法の計算の仕方を理解することができたか。

準備物

・紙テープ

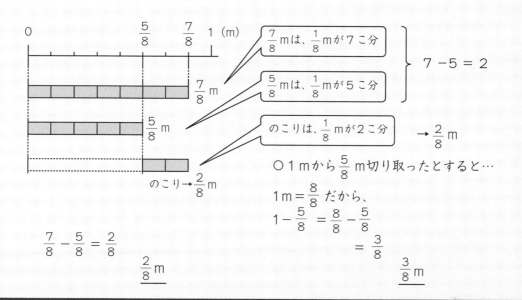

分数のひき算は、どのように計算すればよいのでしょうか。

分数のひき算は、分数どうしの数をひけばよい。

$\frac{7}{8}$mは、$\frac{1}{8}$mが7こ分

$\frac{5}{8}$mは、$\frac{1}{8}$mが5こ分

$7 - 5 = 2$

のこりは、$\frac{1}{8}$mが2こ分 → $\frac{2}{8}$m

$\frac{7}{8}$m

$\frac{5}{8}$m

のこり→$\frac{2}{8}$m

$\frac{7}{8} - \frac{5}{8} = \frac{2}{8}$

$\frac{2}{8}$m

○1mから$\frac{5}{8}$m切り取ったとすると…

1m$=\frac{8}{8}$ だから、

$1 - \frac{5}{8} = \frac{8}{8} - \frac{5}{8}$

$= \frac{3}{8}$

$\frac{3}{8}$m

4 1mから$\frac{5}{8}$mを切り取ると?

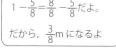
1m$=\frac{8}{8}$だから……

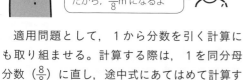
$1-\frac{5}{8}=\frac{8}{8}-\frac{5}{8}$だよ。
だから，$\frac{3}{8}$mになるよ

適用問題として，1から分数を引く計算にも取り組ませる。計算する際は，1を同分母分数（$\frac{8}{8}$）に直し，途中式にあてはめて計算するとよいことを理解させる。

まとめ

　分数でも，これまで通り減法が適用されることは理解できても，どのように計算すればよいか戸惑う子がいる。ここでは，単に計算の仕方を教えるだけでなく，テープ図や数直線を使って，単位分数が何個分であるかという見方やその単位分数を減法に適用する考え方を大切にする。

本時案

$\dfrac{1}{4}$って$\dfrac{1}{4}$m？

授業の流れ

 分かっていることは何かな？

⑦は，1mを4等分しているよ。だから，$\dfrac{1}{4}$m！

④も，4等分しているよ。だから，$\dfrac{1}{4}$m！

長さが違うのに，同じ$\dfrac{1}{4}$m？

　1mと2mのテープをそれぞれ1本として捉え，それを4等分するから$\dfrac{1}{4}$mと考えた二つの考えのズレを引き出す。そこから，「長さが違うのに，同じ$\dfrac{1}{4}$mでいいのかな？」という課題を引き出し，その課題を考えさせる。

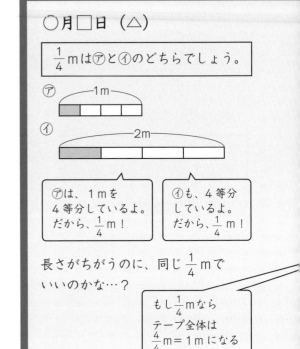

○月□日（△）

$\dfrac{1}{4}$mは⑦と④のどちらでしょう。

⑦　1m

④　2m

⑦は、1mを4等分しているよ。だから、$\dfrac{1}{4}$m！

④も、4等分しているよ。だから、$\dfrac{1}{4}$m！

長さがちがうのに、同じ$\dfrac{1}{4}$mでいいのかな…？

もし$\dfrac{1}{4}$mならテープ全体は$\dfrac{4}{4}$m＝1mになる

 1mを何等分しているの？

⑦は，1mを4等分しているよ

④は，もとの長さが2mだ！1mで考えないといけないね

　テープ図をもとに，⑦と④は，それぞれ1mを何等分しているか考えさせる。このとき，④はもとのテープの長さが何mであるかに着目させる。そして，1mを何等分しているのかを考えさせる。

 **⑦と④のどちらが$\dfrac{1}{4}$mかな？**

⑦は，1mを4等分した1つ分の長さだから$\dfrac{1}{4}$mだね

④は，1mを2等分した1つ分の長さだから$\dfrac{1}{2}$mだ！

$\dfrac{1}{4}$mなのは⑦だね

　もとの大きさに着目させ，単位分数が何mであるかを確認する。そして，その量で大小比較をさせる。分割分数としてみていた子に対して，量分数として捉えられるようにしっかりと押さえておきたい。

10 小数

11 重さ

12 分数

13 □を使った式

14 2桁のかけ算

15 倍の計算

16 二等辺三角形・正三角形・角

17 表とグラフ

18 そろばん

19 3年のまとめ

本時の評価

・もとの長さに着目し，分割分数と量分数の違いを捉え，説明することができたか。

準備物

・紙テープ

---

⑦と④は、それぞれ1mを何等分しているか考えよう。

⑦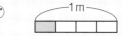
1m

1mを4等分した1つ分の長さは、$\frac{1}{4}$m。

⑦は、$\frac{1}{4}$m

④は、もとの長さが2mだ！

1mで考えないと！

④
2m

1mを2等分した1つ分の長さは、$\frac{1}{2}$m。

④は、$\frac{1}{2}$m

もとの大きさを何等分するかで、1つ分の大きさがかわります。

---

⑦と①は、それぞれ何mですか。

⑦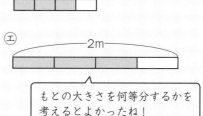
1m

①
2m

もとの大きさを何等分するかを考えるとよかったね！

⑦1mを4等分した3つ分の長さは、$\frac{3}{4}$m。

⑦は、$\frac{3}{4}$m

①2mを4等分した3つ分の長さは、$\frac{3}{2}$m。

①は、$\frac{3}{2}$m

---

4 ⑦と④は，それぞれ何m?

 もとの大きさを何等分するかを考えるとよかったね！

適用問題として，もとの大きさが異なる分数で，単位分数が3つ分の大きさを考えさせる。

このときも，先ほどの考え方を適用し，もとの大きさから単位分数を考えさせてから，その3つ分の大きさを求めさせる。

まとめ

分割分数と量分数の違いを理解させるには，この学習で扱った1mと2mをもとの大きさとしたときの単位分数を考えさせるような内容を取り上げるとよい。

この場面でも，テープ図を使って，もとの大きさと単位分数が何個分であるかという見方やその単位分数をもとに大小比較する考え方を大切にする。

13 □を使った式 （4時間扱い）

単元の目標

・数量の関係を言葉の式をもとに，未知の数量を□を用いて式に表すことができ，□にあてはまる数を求めることができる。

評価規準

知識・技能	○□を使った式の表し方や□にあてはまる数の求め方が分かる。 ○□を使った式に表したり，□にあてはまる数を求めたりすることができる。
思考・判断・表現	○数量の関係に着目して，□を使った式に表すことや□にあてはまる数の求め方を考えることができる。
主体的に学習に取り組む態度	○未知の数量を□などの記号を用いて表すことのよさに気付いている。 ○言葉の式や□を使った式に関心をもち，進んで活用しようとしている。

指導計画　全4時間

次	時	主な学習活動
第1次 □を使った式と 相互関係	1	減法の場面において，未知の数量を□として式に表し，□にあてはまる数を求めることができる。
	2	□にあてはまる数を求めることを通して，加減の相互関係を理解する。
	3	乗法の場面において，未知の数量を□として式に表し，□にあてはまる数を求めることができる。
	4	□にあてはまる数を求めることを通して，乗除の相互関係を理解する。

10 小数

11 重さ

12 分数

13 □を使った式

14 2桁のかけ算

15 倍の計算

16 二等辺三角形・正三角形・角

17 表とグラフ

18 そろばん

19 3年のまとめ

単元の基礎・基本と見方・考え方

⑴テープ図と線分図

線分図は，問題の数量の関係を線分を使って表したものである。第2学年までは，線に幅のある図を使用する。線分図は，もともとは第1学年の加法，減法の指導の中でブロックや○を使った図として表してきたものを少しずつ抽象化し，線分の長さで数量を表すようにしたものである。線分の長さで表すことにより，数量が大きくなっても図をかくことができる。

線分図は，数量の大小関係，全体と部分の関係などの数量の関係に着目できるようにかけばよいので，線分の長さ，量の大きさに比例させてきっちりとかく必要はない。

⑵数直線図

今まで使用してきたテープ図は，数量をテープの長さで表すため，累加，累減などの乗法，除法の意味を捉えやすかった。

一方で，数直線図は，テープの長さが表す数量を数直線の目盛りに置き換えた図で，二つの数量の対応関係や比例関係が強調される。

数直線図は，テープ図よりもかきやすく，下図のように数量を操作したり，その思考を表現したりするときに扱いやすい。

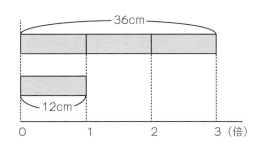

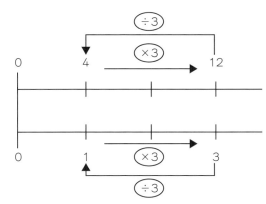

⑶図を使う必要感

線分図にしても，数直線図にしても，問題を読んですぐにかけない子もいる。関係する数量を抽出し，既知の数量，未知の数量を明らかにした上でかかせることが大切である。図を使う必要感を子どもが実感しやすいのは，式と図の関係を読み取ったり，式が正しいかどうか相手に説明したりする活動のときなので，このような活動を授業で取り入れていきたい。

本時案

□を使って式に表そう

授業の流れ

1 頼まれた本はいくらかな

おつかいに行きました。本屋さんでたのまれた本をかって，おつりを200円もらいました。

これでは分からないよ

本の値段を教えてほしい

条件不足の問題を提示し，「頼まれた本はいくらだったのか」と聞くことで，「最初にいくら持っていたの？」「本の値段はいくら？」といった話が子どもから出てくるので，「言葉で式をつくってみよう」と伝える。

○月□日（△）

おつかいに行きました。
本屋さんでたのまれた本をかって
おつりを 200 円もらいました。

これでは、わからない

本のねだん？
さいしょに持っていたお金？
↑
これがあればとける。

ことばの式
（さいしょに持っていたお金）－（本のねだん）
　　　　　　　　　　　＝（おつり）

---

2 図をかいて確認しよう

テープ図，線分図でかけるかな

「最初に持っていたお金－本の代金＝200」といった言葉の式を説明させた後，「どうしてその式になるのか，図で確認してみよう」と言い，これまでに使用してきた図をかかせる。かけない子が多い場合には図のかき方を確認する。

3 本の代金を□円にして式をつくろう

本の代金を□円とすると

600－□＝200だよね

「最初に持っていたお金」は600円と伝え，さらに「本の代金」を□円として表すと簡単であることを教える。その上で，言葉の式に600や□を置き換えて，図や□を使った式で表させる。

10 小数

11 重さ

12 分数

13 □を使った式

14 2桁のかけ算

15 倍の計算

16 二等辺三角形・正三角形・角

17 表とグラフ

18 そろばん

19 3年のまとめ

本時の評価

・数量の関係を言葉を使った式で表そうとしていたか。

・□にあてはまる数の求め方を理解することができたか。

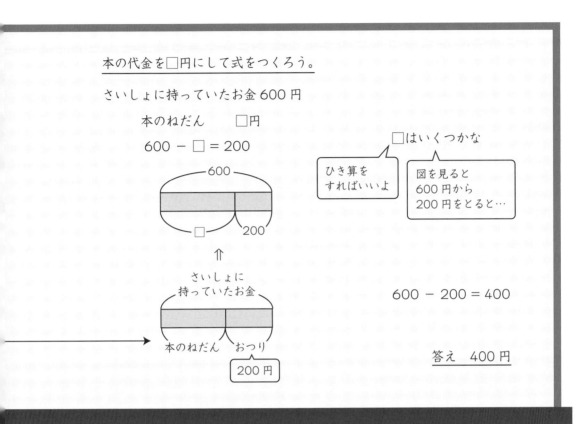

本の代金を□円にして式をつくろう。

さいしょに持っていたお金 600円

本のねだん　　□円

600 − □ = 200

□はいくつかな

ひき算をすればいいよ

図を見ると600円から200円をとると…

600 − 200 = 400

答え　400円

---

4 □はいくつかな？

600−200とすればいいよ

□に順に数をあてはめたり，線分図から数量の関係を読み取ったり，「600−200」という計算で求めたりする。

まとめ

　問題場面を□を用いて文脈通りに立式することで，未知の数量がある場合でも順思考で立式できるよさを実感することができる。

　そのために本時では，条件不足の問題を提示する。最初から「最初に持っていたお金」600円が分かっていると，600−200＝□と立式し，□の必要感を感じることができないこともありえる。

□の求め方を
考えよう①

・□にあてはまる数を求めることを通して，加減の相互関係を理解する。

授業の流れ

1 どんな式になるかな？

いちごを350gのかごに入れたら，1000gになりました。いちごは何gですか。

分からない数は□にすればいいね

□＋350＝1000と式にしました

「いちごを350gのかごに入れたら，1000g になりました。いちごは何gですか」

この問題の式を考える。前時の学習を想起して，分からない数を□にして立式し，「□＋350＝1000」を見いだす。

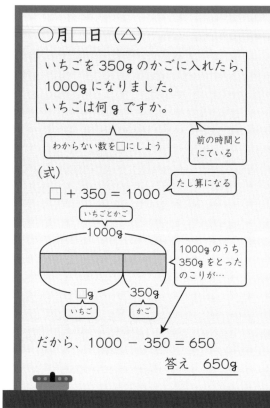

○月□日（△）

いちごを350gのかごに入れたら、
1000gになりました。
いちごは何gですか。

わからない数を□にしよう

前の時間とにている

（式）

□ ＋ 350 ＝ 1000

いちごとかご

1000g

たし算になる

1000gのうち350gをとったのこりが…

□g　いちご　　350g　かご

だから、1000 － 350 ＝ 650

答え　650g

2 どうしてその式になるのかな

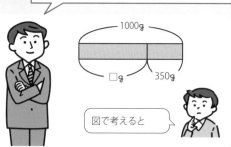

1000g

□g　350g

図で考えると

「どうしてその式になるのか，図で確認してみよう」と言い，これまでに使用してきた図をかいて確認し，全員で共通理解する。

3 どうやって求めよう

1000－350で求めることができるよ

「□＋350＝1000」の□の求め方を考える。求め方が分からない子どもには，先ほどの図を使いながら，考えるように促したり，前時の学習では□を使った式からどのように答えを求めたのか振り返らせる。

10 小数

11 重さ

12 分数

13 □を使った式

14 2桁のかけ算

15 倍の計算

16 二等辺三角形・正三角形・角

17 表とグラフ

18 そろばん

19 3年のまとめ

本時の評価

・数量の関係を言葉を使った式で表そうとしていたか。
・□にあてはまる数の求め方を理解することができたか。

いちごがあります。
いちごを 650g みんなで食べると 350g になりました。
いちごは何 g ありましたか。

ひき算になるよ

いちごの重さを□g にしよう

（式）

□ － 650 ＝ 350

いちご

□g

650g　350g

たべたいちご　のこったいちご

だから、650 ＋ 350 ＝ 1000

答え　1000g

2つのもとめ方
ここから気づくことはなにかな？

・1000 － 350 ＝ 650
　650 ＋ 350 ＝ 1000

反対のかんけいになっている

2つの図はにてる

使われている数がいっしょ

1000
と
650
と
350

---

4 この問題はどうかな？

□－350＝650という式になります

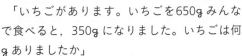

「いちごがあります。いちごを650g みんなで食べると，350g になりました。いちごは何 g ありましたか」

この問題の式と求め方を考える。「□－650＝350」と立式し，「650＋350」と求められるようにする。この求め方も線分図で確認する。

5 2つの求め方を比べてみよう

1000－350＝650　650＋350＝1000だから…

逆の関係になっているね

「1000－350＝650」「650＋350＝1000」という式から，たし算とひき算が逆の関係（相互関係）になっていることを子どもの言葉で線分図を使いながら説明させる。

本時案

鉛筆の値段は
何円かな？

 3/4

本時の目標

・乗法の場面において，未知の数量を□として式に表し，□にあてはまる数を求めることができる。

授業の流れ

1 どんな式になるかな？

えんぴつを10本買ったら，代金が800円になりました。えんぴつは何円になりますか。

鉛筆1本の値段を□円にすると…

□×10＝800という式ができるね

「えんぴつを10本買ったら，代金が800円になりました。えんぴつは何円になりますか」

この問題に対して，1本の鉛筆の値段を□円にすることを全体で確認してから，式を考える。

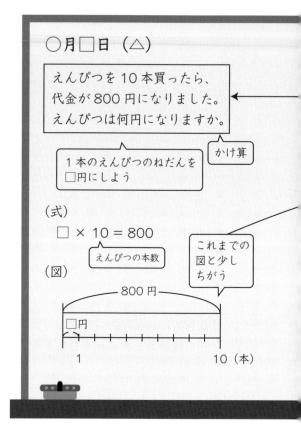

○月□日（△）

えんぴつを10本買ったら、代金が800円になりました。えんぴつは何円になりますか。

かけ算

1本のえんぴつのねだんを□円にしよう

（式）

□ × 10 ＝ 800

えんぴつの本数

これまでの図と少しちがう

（図）

800円

□円

1　　　　　　　　10（本）

2 どうしてその式になるのかな？

図に表すと
800円
□円
1　　　10（本）

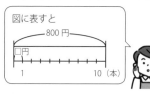

「どうしてその式になるのか，図で確認してみよう」と言い，これまでに使用してきた図をかいて確認し，全員で共通理解する。

これまでと図が少し異なるため，困っている子が多い場合には図のかき方を教える。

3 □はいくつかな？

800÷10で求めることができるよ

□の値を求める。多くの子が「800÷10」とわり算で考えることだろう。

先ほどかいた図を使って，友達に「800÷10」で□の数を求められることを説明する。相手にしっかり説明できるということは，理解しているということになる。

10 小数

11 重さ

12 分数

13 □を使った式

14 2桁のかけ算

15 倍の計算

16 二等辺三角形・正三角形・角

17 表とグラフ

18 そろばん

19 3年のまとめ

本時の評価

・数量の関係を図や□を使った式で表し，数量の関係を考えることができたか。

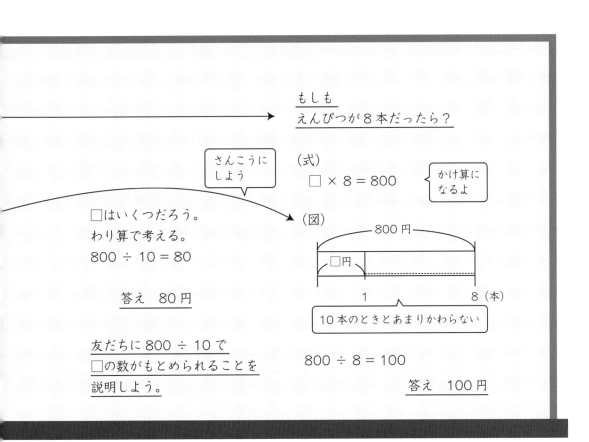

もしも
えんぴつが8本だったら？

さんこうに
しよう

（式）
□ × 8 = 800

かけ算に
なるよ

□はいくつだろう。
わり算で考える。
800 ÷ 10 = 80

答え　80円

（図）

800円

□円

1　　　　　　　8（本）

10本のときとあまりかわらない

友だちに 800 ÷ 10 で
□の数がもとめられることを
説明しよう。

800 ÷ 8 = 100

答え　100円

4 もしも8本だったら…

□× 8 =800になるかな

800÷ 8 =100だよね

　問題の条件の10倍を8倍に変えてみる。「□× 8 = 800」となるので，「800÷ 8 = 100」で，1本の鉛筆の値段が100円になることを理解する。

　また、図をかかせるようにする。2でかけなかった子どももここでかけるようになっていればよい。

まとめ

　立式したら図に表し，図をもとに除法で□を求めることを見いだすことが大切である。これまでの図と異なり，戸惑う子が多いことが予想される。

　場合によっては，教師主導で図のかき方を教え，「800÷10」で□の数を求められることを説明する活動に取り組ませることで，図を使う経験を積ませる。

本時案

□の求め方を
考えよう②

・□にあてはまる数を求めることを通して、乗除の相互関係を理解する。

授業の流れ

1 どんな式になるかな？

1はこ何こか入っているあめを8はこかったら，全部で72こになりました。1はこに入っているあめは何こでしょう。

1箱に入っているあめの数を□個にすると

□×8＝72になるよね

　「1箱何個か入っているあめを8箱買ったら，全部で72個になりました。1箱に入っているあめは何個でしょう」

　1箱に入っているあめの数を□個にして立式すると，「□×8＝72」になる。

○月□日（△）

1はこ何こか入っているあめを8はこかったら，全部で72こになりました。1はこに入っているあめは何こでしょう。

1はこのあめの数を□こにしよう

かけ算になるよ

（式）□×8＝72

どうしてこの式になるのか図をかいてたしかめよう。

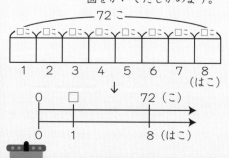

2 どうしてその式になるのかな？

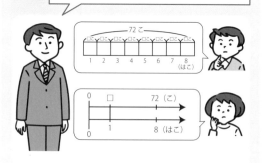

　「どうしてその式になるのか，図で確認してみよう」と言い，これまでに使用してきた図をかいて確認し，全員で共通理解する。

3 どうやって求めよう？

72÷8＝9

　□を求める式は「72÷8＝9」になり，答えは9個と求めることができる。

　求め方が分からない子どもには，先ほどの図を使いながら，考えるように促す。

10 小数

11 重さ

12 分数

13 □を使った式

14 2桁のかけ算

15 倍の計算

16 二等辺三角形・正三角形・角

17 表とグラフ

18 そろばん

19 3年のまとめ

本時の評価

・数量の関係を図や□を使った式で表し，数量の関係を考えていたか。

・数量の関係を□を使った式に表し，□にあてはまる数を求めることができたか。

2つのかずのもとめ方

$72 \div 8 = 9$

$9 \times 8 = 72$

かけ算とわり算はぎゃくのかんけいになっている。

$72 \div 8 = 9$

答え　9こ

何こかのあめを8人で同じ数ずつ分けたら，1人分は9こでした。はじめにあったあめは何こでしょう。

わり算になるよ

（式）

はじめにあったあめ　8人　1人分は9こ

$\square \div 8 = 9$

0　　9　　　□（こ）

0　　1　　　8（人）

$9 \times 8 = 72$

答え　72こ

4 この問題はどうかな？

何こかのあめを8人で同じ数ずつ分けたら，1人分は9こでした。はじめにあったあめは何こでしょう。

$\square \div 8 = 9$

0　9　　□こ

0　1　　8（人）

　「何個かのあめを8人で同じ数ずつ分けたら，1人分は9個でした。はじめにあったあめは何個でしょう」。立式すると，「$\square \div 8 = 9$」になる。図をかき，□の求め方を考える。「$9 \times 8 = 72$」とかけ算で求められることに気付かせる。

5 2つの求め方を比べてみよう

$72 \div 8 = 9$
$9 \times 8 = 72$

逆の関係になっているね

　「$72 \div 8 = 9$」「$9 \times 8 = 72$」という式から，わり算とかけ算が逆の関係（相互関係）になっていることを子どもの言葉で説明させる。

　視覚的にも，図を見て72を8で割れば9になり，9に8をかければ72になる関係を読み取らせる。

14 2桁のかけ算　(10時間扱い)

指導計画　全10時間

次	時	主な学習活動
第 1 次 何十をかけるかけ算	1 ・ 2	何十をかけるかけ算の問題場面を，図や式に表すことを通して，乗数を10倍すれば積も10倍になることに気付く。
第 2 次 2 桁×2 桁	3 ・ 4	アレイ図のドットの数を工夫して計算することを通して， 2 位数×2 位数の計算の仕方を考える。
	5	アレイ図や分けて考えた式と筆算形式を比べることを通して， 2 位数×2 位数の筆算の意味を考える。
	6	2 位数×2 位数の筆算を用いて，計算の習熟を図る。
第 3 次 3 桁×2 桁	7	3 位数×2 位数の積を見積りで見当をつけ，筆算で計算する。
	8	末尾に 0 があったり，空位があったりするかけ算の筆算の計算を工夫して計算する。
第 4 次 暗算， 習熟・まとめ	9	筆算か暗算のどちらで計算するかを考えることを通して，簡単なかけ算を暗算で計算する。
	10	既習事項を生かして， 3 位数×2 位数の計算の習熟を図る。

単元の基礎・基本と見方・考え方

⑴ 2桁をかける意味を式や図と筆算を統合することで理解する

　これまで本単元では，2位数×2位数の筆算の習熟に重点がおかれる授業がよく見られた。しかし，平成29年版小学校学習指導要領解説においても，十進位取り記数法や乗法九九がもとになっていることや，1位数をかけるかけ算をもとにして類推的に考えることの重要性が述べられている。つまり，単に筆算ができるだけではなく，「どうして筆算でできるのか」に気付かせる授業が求められる。

　そこで単元構成を，何十をかけるかけ算と2位数をかけるかけ算に分け，それぞれにおいて，子どもが自ら2位数をかける意味を考えられるよう授業を展開していきたい。具体的には，何十をかけるかけ算においては，乗数が10倍されたとき，積も10倍すればいい理由を図や式を使って説明する活動を行う。2位数をかけるかけ算においては，筆算形式をアレイ図や式と統合しようとすることで，意味理解を図っていく。これらの学習においては，いずれも場面を表す数量を視覚的に表すことが求められる。

　本単元の中核である第2次前段では，アレイ図のドットの数を問題場面として扱うこととした。アレイ図を提示することで，場面自体がすでに視覚化されている。これを用いて，子どもが「求めている部分積はアレイ図のどの部分であるのか」を意識できるよう授業を展開していくことが大切である。アレイ図が筆算形式とも統合できることは，先行学習で2位数×2位数の筆算ができる子どもであっても知らないことが予想される。筆算の途中に出てくる数がアレイ図にもあることに気付かせることで，新しい知識に出会わせることができるだろう。

⑵ 本単元で働かせたい見方・考え方

　本単元で働かせたい見方・考え方として代表的なものを2点挙げる。

① 数をいくつかのまとまりとして見る，いくつかのまとまりに分ける

　そもそもかけ算は，まとまりのいくつ分で表されたものであるので，かけ算の学習において数をまとまりとして見ることは前提であるとも言える。ただし，形式的に筆算ができるだけでは，数をまとまりとして捉えているとは言えない。「23×12の12は10と2というまとまりで見る」という見方を働かせることがより確かな筆算の意味理解につながっていく。

② 既習（1位数をかけるかけ算）と同じ方法が使えないかと考える

　2位数×1位数の筆算について学習した子どもが，2位数をかける学習において「1位数をかけるかけ算では…」と思い出すことが考えられる。しかし，中には前に学習した知識を活用するイメージが湧かない子どももいるだろう。そこで，既習を生かして考えている子どもを全体に広げたり，1位数で使った考えと同じ点を考えさせたりすることで，既習を生かして考えられるようにしていきたい。

本時案

□×10の計算を しよう

本時の目標

・1位数×10の計算の仕方を，図や式に表して説明することができる。

○月□日（△）

1はこ5こ入りのチョコレートが10はこあります。チョコレートは全部で何こでしょう。

$5 × 10 = 50$

九九にはなかったけど？

$5 × 8 = 40$

$5 × 9 = 45$ ＋1 ＋5

$5 × 10 = 50$ ＋1 ＋5

<u>50 こ</u>

授業の流れ

1 チョコレートは全部で何個？

簡単だよ

九九には×10はなかったけど？

かける数が1増えると，5の段だったら答えは5増えるでしょ

習ったことを使えているね

　既習である累加を使って説明ができるよう「九九には×10なんてなかったけどできるの？」と投げかける。2年「かけ算」や3年「2桁×1桁のかけ算」の学習を生かして考えている姿を引き出し，かけ算の意味理解を再確認することで単元導入を図る。

2 図に表すことはできる？

箱を横に並べたみたいだね

僕は2箱を縦に並べてみました

　テープ図を使って場面を表した子どもに「箱を横に並べたみたいだね」とつぶやくことで，他の表し方がないかを考えさせる。5×2×5や5×5×2等の多様な見方が次時の何十をかけるかけ算につながる。

3 □×10の計算をしてみよう

　時間を15分程度残した段階で，練習問題として×10のかけ算に取り組ませる。「できた」や「簡単」という声が上がっても，「次はできるかな」等ととぼけて，5問程度取り組ませる。それが「何問あっても一緒だよ」「全部簡単！」等のつぶやきを引き出すことになる。

　このように「なぜ簡単に求めることができるのか？」を考えるきっかけをつくることが大切である。

10 小数

11 重さ

12 分数

13 □を使った式

14 2桁のかけ算

15 倍の計算

16 二等辺三角形・正三角形・角形・角

17 表とグラフ

18 そろばん

19 3年のまとめ

本時の評価

・1位数×10の問題場面を図や式に表すことできたか。
・1位数×10の計算を0の処理で求めることができたか。

準備物

・カード（掲示用）

図に表すことはできる？

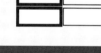

□こ
5こ
1はこ
10はこ

2はこをたてにならべると…

5
5

10のかたまりが
5こと同じ
10 × 5 = 50

5はこをたてにならべると…

25のかたまりが
2こと同じ
25 × 2 = 50

れんしゅう

どうしてすぐに
答えがわかるの？

① 3 × 10 = 30

・3×1がわかれば、
すぐにできる。
・×1の九九と同じ。

② 6 × 10 = 60

③ 2 × 10 = 20

・答えに0をつけるだけ。

④ 8 × 10 = 80

×10のかけ算は、答えの
後ろに0をつければいい

⑤ 7 × 10 = 70

全部かんたんだよ

×20とかでもすぐに
できそう

何問あっても
できる

---

4 どうしてすぐに答えが分かるの？

×10だけど，×1のかけ
算をしているだけだよ

答えに0をつければ
いいだけだよ

　簡単に求答できるわけを考えることが，本時の目標である1位数×10の計算の仕方を理解しているかどうかの評価となる。自分の言葉でノートに書かせるとともに，全体で共有できるようにすることが大切である。

まとめ

　多くの子どもにとって，10をかけるかけ算は難しいものではないかもしれない。しかし，本単元で2位数×2位数を学んでいく上で，かける数を10倍すれば積も10倍されることは，大切な知識となる。そのため，本時では簡単だと思わせることで，その根拠を自分の言葉で語らせることが重要である。

　授業後段でしっかりと根拠を語ることができるよう，前段でかけ算の意味理解を共有できるよう展開することが大切である。

本時案

□ × 何十の計算をしよう

本時の目標

・乗数を10倍すると積も10倍になることを理解し，正しく計算できる。

授業の流れ

1 昨日も言ったでしょ

×10は後ろに0をつければいいって

今日は×10ではないですよ

×10でも×30でも一緒だよ

早々に 5×30＝150と求答した子どもに，「簡単に答えが出せたの？」と投げかけることで，「×10は答えの後ろに0がついていた」を引き出す。これを全体で確認した上で，「×30になっても同じ方法でできるのか？」を考えられるようにする。

○月□日（△）

1はこ5こ入りのチョコレートが
30はこあります。チョコレートは
全部で何こでしょう。

昨日とほとんど同じ

かける数がかわっただけ

5 × 3 0 = 150

後ろに 0 をつけるだけ

本当に 150 でいいの？

2 本当に150になる？

なるに決まっているよ。5 × 3 ＝ 15で，その後ろに 0 をつければいいのだから

「本当に150になる？」と聞くと，自信のある子どもは「後ろに 0 をつけて…」と言うが，自信のもてない子どもは悩み出す。そんな子どもに寄り添い「確かめないと分からないよね」と言い，図を使って確かめるように展開する。

3 図にかいて確かめよう

前の時間もいろいろな図ができたから，今日もいろいろな図で考えてみよう

縦に 3 つ並べて考えよう

第 1 時で 5×10を表したことが生かせれば，本時でも多様な表現が期待できる。それらを引き出した上で「（図を）式に表すと」と投げかけることで，場面と図と式を統合させることが大切である。

10	小数
11	重さ
12	分数
13	□を使った式
14	**2桁のかけ算**
15	倍の計算
16	二等辺三角形・正三角形・角
17	表とグラフ
18	そろばん
19	3年のまとめ

本時の評価

・乗数を10倍すると積も10倍になることを理解することができたか。
・2位数や3位数に何十をかけるかけ算の積を0の処理で求めることができたか。

答えが150でいいのか、
図にかいてたしかめよう。

ぜったいに150になる。 → これでもできる？

式に表すと…。

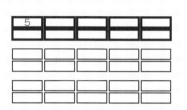

$5 \times 3 = 15$
$15 \times 10 = 150$

$5 \times 10 = 50$
$50 \times 3 = 150$

2×5

$5 \times \underset{}{⑩} = 50$
$50 \times 3 = 150$

① 10×30

$\underset{3}{\boxed{1\,0 \times 3}0} = 30\underline{0}$

$\underset{30}{\boxed{1\,0 \times 3}0} = 30\underline{0}$

② 12×40
$12 \times 4 = 48$
$48 \times 10 = 480$

③ 123×60
$123 \times 6 = 738$
$738 \times 10 = 7380$

かける数を10倍すると
答えも10倍になる。

4 だったら，これもできる？

できるよ。結局はかける数に0がついていれば，答えにも0をつければいいということ

つまり，かける数を10倍すると，答えはどうなると言えますか

答えも10倍になる

2位数×何十の計算が理解できているかを確かめるために，適用題に取り組ませることで，一般化を図りまとめをつくっていく。

まとめ

　何十をかける計算で理解させたい「かける数を10倍すると答えも10倍になる」を，式だけで考えるのではなく，図に表して考えることで視覚的に解を導けるようにする。
　ここで学んだことは本単元内でとどまる知識ではなく，5年「小数のかけ算」でも活用されるものである。そのことを踏まえた上で，子どもが自らまとめをつくり出せるよう展開することが大切である。

本時案

○の数は全部でいくつかな？①

本時の目標

・アレイ図のドットの数を，工夫して計算することができる。

授業の流れ

1 ○の数は今いくつ？

4のまとまりが6個あるから24個

6のまとまりが4個とも言えるよ

縦には12個並んでいるよ

　アレイ図の左端部分（縦12×横2）だけを提示し「今いくつ？」と問う。いくつかのまとまりをつくって考えている子どもを取り上げ，まとまりに着目することが，2位数×2位数の計算につながることを共有することが大切である。

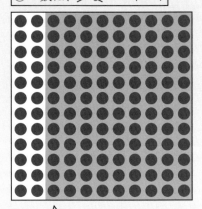

○月□日（△）

全部で

○の数は、~~なま~~　いくつ？

たては12こならんでいるよ
24こ

4×6	2×12	3×8
6×4	12×2	8×3

12×23のアレイ図の上から模造紙を貼って隠しておく。最初は12×2だけを見せる。

2 ○の数は全部でいくつ？

一目では分からないな

横に23個並んでいるよ

式にすると12×23だね

　隠していた部分を見せて「全部でいくつ？」と問う。横に並んでいる数を数えている子どもの様子を取り上げ，23個並んでいることを確認する。その上で12×23と表せることを子どもから引き出す。

3 どうやって数えればいい？

4が6個分みたいにまとまりをつくると計算できそう

　前段でまとまりのいくつ分で考えたことを生かして考えようとする子どもの言葉を引き出す。先行学習で筆算の仕方を知っている子どもがいるかもしれないが，ここではいくつかのまとまりをつくって考えていけるようにワークシートを全員に配布する。

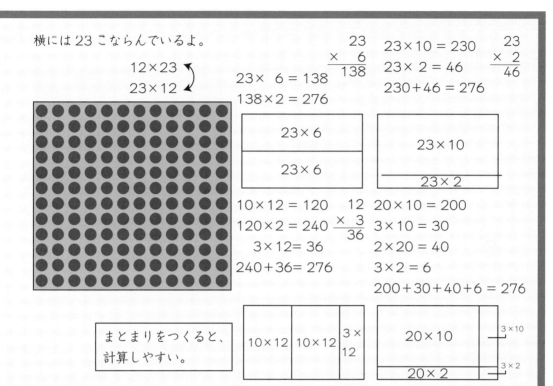

10 小数

11 重さ

12 分数

13 □を使った式

14 2桁のかけ算

15 倍の計算

16 二等辺三角形・正三角形・角・

17 表とグラフ

18 そろばん

19 3年のまとめ

本時の評価

・いくつのまとまりに分けて計算しようとしていたか。

準備物

・アレイ図
・模造紙（隠す用）
・ワークシート（掲示用・児童用）

横には23こならんでいるよ。

12×23
23×12

$23 \times 6 = 138$
$138 \times 2 = 276$

$$\begin{array}{r} 23 \\ \times\ 6 \\ \hline 138 \end{array}$$

$23 \times 10 = 230$
$23 \times 2 = 46$
$230 + 46 = 276$

$$\begin{array}{r} 23 \\ \times\ 2 \\ \hline 46 \end{array}$$

23×6
23×6

23×10
23×2

$10 \times 12 = 120$
$120 \times 2 = 240$
$3 \times 12 = 36$
$240 + 36 = 276$

$$\begin{array}{r} 12 \\ \times\ 3 \\ \hline 36 \end{array}$$

$20 \times 10 = 200$
$3 \times 10 = 30$
$2 \times 20 = 40$
$3 \times 2 = 6$
$200 + 30 + 40 + 6 = 276$

まとまりをつくると、計算しやすい。

10×12	10×12	3×12

20×10	3×10
20×2	3×2

---

4 どのように考えたか分かる？

横に並んだ23個を20と3に分けたのだと思います

○の数が求められた子どもに，使った式だけを発言させる。そして「（式を聞いて）○○さんがどのように考えたか分かる？」と問う。式からアレイ図の分け方を考えさせることで，第5時において筆算に出てくる数とアレイ図をつなげられるようにしたい。

まとめ

アレイ図のドットの数を数えることは時間さえあれば誰もができる活動であり，子どもは安心して取り組むことができる。ただ，多くの子どもは1つずつ数えるのは面倒だと考える。この「面倒だ」という気持ちにさせることが，工夫してまとまりに分けていくことにつながる。

本時では筆算につながる考えをよい考えとするのではなく，まとまりをつくって考えることのよさに気付けるようにしていきたい。

本時案

○の数は全部でいくつかな？②

本時の目標
・2位数×2位数の計算の仕方のよりよい方法を考える。

授業の流れ

1 ○の数はいくつでしょう？

- 昨日と同じだね
- いくつかのまとまりにすれば計算できたよ
- いろんな方法があったよ

「昨日と同じ」というつぶやきから、「まとまりに分けていく」という学習の見通しを全ての子どもがもてるようにすることが大切である。その後アレイ図に縦横に並んだドットの数を示した状態で提示し「半分にできない」を引き出したい。

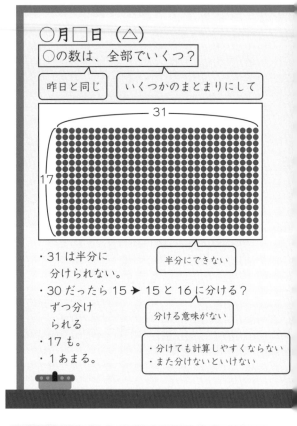

○月□日（△）

○の数は、全部でいくつ？

| 昨日と同じ | いくつかのまとまりにして |

31
17

- 31は半分に分けられない。
- 30だったら15 → 15と16に分ける？ずつ分けられる
- 17も。
- 1あまる。

半分にできない

分ける意味がない

- 分けても計算しやすくならない
- また分けないといけない

---

2 半分にできない！

- 言いたいことが分かる？
- 31は半分には分けられない
- 17も半分には分けられない

前時で半分の数を求めて2倍する方法を使った子どもは、並んだ数が奇数であることに気付きやすい。その反応を全体で解釈し前時で使えた方法が使えないことを確認する。「31を15と16に分ける？」と問うことで、分ける意味を考えさせることもできる。

3 十の位と一の位に分けるといい

- 両方は分けなくても、どちらかを分けるだけで計算できるよ

半分に分けて考えることができないことを共有した後、ワークシート（アレイ図）を配布し個人で計算の仕方を考える。考えを共有する場面では、十の位と一の位に分けて考えているのがいつでも使える方法であることを理解させる。乗数と被乗数のいずれも分けている考えには「どちらかでよい」ことに気付く子どもを引き出したい。

10 小数

11 重さ

12 分数

13 □を使った式

14 2桁のかけ算

15 倍の計算

16 二等辺三角形・正三角形・角

17 表とグラフ

18 そろばん

19 3年のまとめ

・2位数×2位数の計算の仕方のよりよい方法を考えることができたか。

・アレイ図
・ワークシート（掲示用・児童用）

どんな分け方が使えそう？

31×17　　両方は分けなくてもいいよ！

30×10 = 300
30× 7 = 210
　1 ×10 =　10
　1 × 7 =　　7
300＋210＋10＋7 = 527

30×17 = 510
　1 ×17 =　 17
510＋17 ＝527

31×10 = 310
31× 7 = 217　→
310＋217 = 527

```
  31
×  7
 217
```

どちらかを
十の位と一の位に
分けるといい。
31　→ 30 と　1
17　→ 10 と　7

どちらかを分けてみよう

① 24×13

24×10＝240　　　20×13＝260
24×3＝72　　　　4×13＝52
240＋72＝312　　260＋52＝312

② 35×42

35×40＝1400　　30×42＝1260
35×2＝70　　　　5×42＝210
1400＋70＝1470　1260＋210＝1470

③ 61×53

61×50＝3050　　60×53＝3180
61×3＝183　　　1×53＝53
3050＋183＝3233　3180＋53＝3233

こっちがかんたん！

4 十の位と一の位に分けてみよう

　　十の位と一の位に分けるといいことをまとめた後，適用題に取り組ませる。ここで大切なことは，分けた式を見たときに計算しやすくなっていることに気付くことである。被乗数と乗数のどちらを分けた方が計算しやすいかを考えている子どもを価値付けたい。

まとめ

　アレイ図のドットの数を数える学習は，前時と同じ内容と感じるかもしれない。しかし，本時は「十の位と一の位に分けて計算する方法がいつでも使えて便利だ」ということを子どもが自ら発見する大切な時間である。

　位で分けて考えるよさが実感できた子どもは，次時においても筆算も位で分けて考えていることに気付きやすい。工夫して求める学習と筆算をつなぐ上で大切な1時間である。

本時案

2桁のかけ算の筆算を考えよう

 5/10

・2位数×2位数の筆算の仕方を理解し、その計算ができる。

授業の流れ

1 23×12はどのように計算する?

12を10と2に分けます

23を20と3に分けます

第3時で扱った23×12をアレイ図とともに提示する。前時を生かすことができれば、十の位と一の位に分ける方法に気付くだろう。23×12のアレイ図は、筆算の部分積と統合できるようにあらかじめ20×10、3×10、20×2、3×2の4つの長方形に分けたものをくっつけた形で提示する。

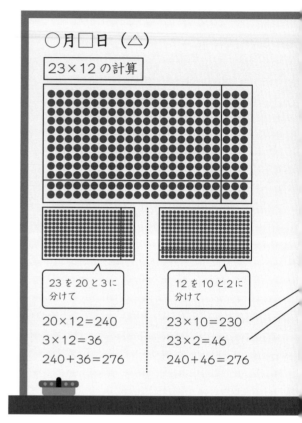

〇月□日（△）

23×12の計算

23を20と3に分けて

20×12＝240
3×12＝36
240＋36＝276

12を10と2に分けて

23×10＝230
23×2＝46
240＋46＝276

2 2桁でも筆算ができます

知っているよ

今日は先生から教えますので見ておいてください

「1学期に学習したかけ算でも筆算をしましたね。かける数が2桁になっても筆算ができます。教えるので見ておいてください」と言って筆算を板書する。先行学習で筆算ができる子どもがいても未習内容であるので、教師から示すことが大切である。

3 同じ数がある!

どこに同じ数があるのかな?

分けて考えたときにも46があったよ

筆算のアルゴリズムを示した段階で、前段で分けて計算する方法と比べている子どもを捉え「同じ数がある!」という気付きを逃さない。この気付きが、分けて計算する方法と部分積を統合することにつながり、改めてアレイ図にも目を向けることにつながる。

10 小数

11 重さ

12 分数

13 □を使った式

14 2桁のかけ算

15 倍の計算

16 二等辺三角形・正三角形・角

17 表とグラフ

18 そろばん

19 3年のまとめ

本時の評価

・2位数×2位数の筆算の仕方を部分積やアレイ図と統合して考えることができたか。
・2位数×2位数を，筆算を使って計算することができたか。

準備物

・アレイ図

23×12 の筆算

```
    2 3
  × 1 2
  ─────
    4 6  ──→  | 23× 2 |
  +2 3 0  ──→  | 23×10 |
  ─────
  2 7 6
```

分けたから
たし算

同じ数がある

0 がある

① 20×2
② 3×2
＝

③ 20×10
④ 3×10

```
    1 1
  × 1 1
  ─────
    1 1
  1 1 0
  ─────
  1 2 1
```

```
    3 4
  × 1 6
  ─────
  2 0 4
  3 4 0
  ─────
  5 4 4
```

```
    1 5
  × 4 2
  ─────
    3 0
  6 0 0
  ─────
  6 3 0
```

```
    2 7
  × 1 3
  ─────
    8 1
  2 7 0
  ─────
  3 5 1
```

2けたをかけるかけ算の筆算は
位で分けてかけ算をしている。

4 これも分けられたよね

図も同じように分けられるよ

分けているから，最後にたし算をするんだね

部分積である46が23×2の結果であることを取り上げ「これも分けられたよね」とつぶやく。すると，23が20と3に分けられることに気付く。ここでアレイ図に目が向けられるようにすることで，第3時で4つに分けた考えも筆算につながることに気付かせる。

まとめ

筆算のアルゴリズムはなんとなく知っている子どもは少なくない。しかし，意味を伴って理解しているとは限らない。

本時では，筆算と分けて考えた式やアレイ図を統合することで，筆算の意味を確実に理解させることが大切である。それが，正しく筆算で計算する力にもつながっていく。

ただ筆算形式を教えるのではなく，子どもが筆算の仕組みを発見していくことができるよう展開していきたい。

本時案

2□ × 2□の かけ算の筆算を しよう

6/10

本時の目標

・ 2位数 × 2位数を筆算を用いて計算することができる。

授業の流れ

1 好きな数を1つ言ってください

7！

最初は27×27です

1って言ってほしかったな

次は先生が決めます。
28×26をしましょう

　誰か1人に好きな数を言ってもらい，その数を2つの□に入れて①を提示する。②は①から被乗数を1増やし乗数を1減らしたかけ算を提示する。以降，⑥まで同じ展開で進めていく。

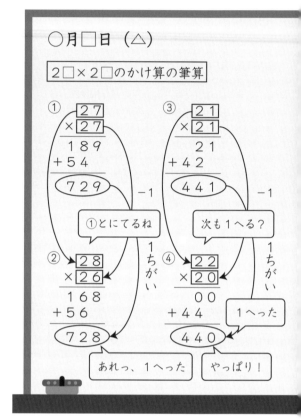

2 答えが1つ違いになっている

言っていることが分かる？

③の答えが441で④の答えが440になっている

答えだけじゃないよ…

　④を終えたあたりで，何人かがつぶやき始める。これらの子どものつぶやきを取り上げ「言いたいことが分かる？」と投げかけ，積や乗数被乗数の関係についての規則性を全体で共有していく。

3 他の数ならどうなるの？

2□×2□じゃなきゃダメなの？

好きな数で試したい

自分の好きな数でしてみましょう

　②や④で規則性に気付き始めた子どもがいても「偶然だと思うよ」ととぼけて⑥まで進める。そこで「自分の数でしてみたい」という子どもを引き出すことが大切である。筆算形式枠を印刷したワークシートを大量に用意しておき，子どもが進んで取り組めるようにする。

10 小数

11 重さ

12 分数

13 □を使った式

14 2桁のかけ算

15 倍の計算

16 二等辺三角形・正三角形・角

17 表とグラフ

18 そろばん

19 3年のまとめ

本時の評価

・筆算の習熟を通して，きまりを自ら発見しようとしていたか。
・2位数×2位数のかけ算を筆算で正しく計算できたか。

準備物

・ワークシート（児童数×5枚以上）

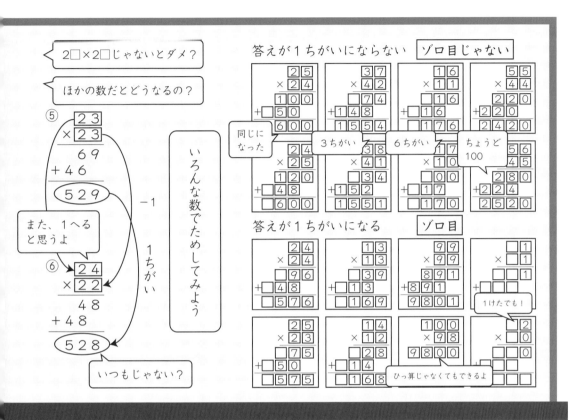

4 1違いにならないよ

絶対に1違いになるよ

1つ目の問題はゾロ目にしないといけないよ

　子どもに2桁×2桁のかけ算に取り組ませていると，うまくいく場合とそうでない場合が起こる。それらを板書に貼っていくことで，1つ目の問題はゾロ目でないといけないことを子どもが発見できるようにすることが大切である。

まとめ

　計算の技能習得には個人差が生まれやすく，苦手な子どもにとっては苦痛な時間となりやすい。そこで，かけ算の筆算の学習に規則性を与えることで，子どもの気付きを誘発する。最初はあえて限定的な場面として取り組ませることで，与えた枠を超えようとする子どもの姿を引き出すことが大切である。

　また，授業の最後には「いろいろなきまりにも気付けたし，1時間で10問以上も筆算の練習ができたね」と計算練習に取り組めたことも価値付けたい。

本時案

いくらあれば買えるかな？

・３位数 × ２位数の積を見積りで見当を付け，筆算で求めることができる。

授業の流れ

1 「何円でしょう」ならかけ算だけど

いくらあれば買えるって言われても…

　問題文を２行目まで板書したところで，一度板書を止める。「全部で何円でしょう」と予想する子どもの様子を捉えた上で板書を再開する。問題文を見たところでペアやグループで自由に予想させることが，積を見積もる上で大切である。

○月□日（△）

32 人の工作キットを買いにいきます。
工作キットは１人分で 216 円です。
いくらあれば買えるでしょう。

かけ算じゃないの？

10000 円あれば買えそう

10000 円もいらない

・10 人分で 2160 円だから…。
　216×10=2160
・30 人で 6000 円をこえるよ。
　200×30=6000
・32 人だと 7000 円くらいかな？

2 10000円あれば買えそう

10000円もいらないよ

10人分で2160円だから…

30人で6000円は超えるよ

　「10000円あれば…」という素朴な発想に対して「10000円もいらない」という反応を引き出したい。その根拠が見積りをしていく上で１つの目安となる。グループ活動を生かして見積りの幅を見いださせたい。

3 7000円で買えるか確かめよう

筆算をしてみると分かるよ

３桁だけどできるかな？

　7000円前後という見積りが見えてきたところで「7000円で買えるかどうか確かめよう」と投げかける。ここで初めて３桁×２桁の筆算をする子どももいるが，見積りをよりどころに自力で筆算しようとする子どもの姿を引き出したい。

10 小数

11 重さ

12 分数

13 □を使った式

14 2桁のかけ算

15 倍の計算

16 二等辺三角形・正三角形・角

17 表とグラフ

18 そろばん

19 3年のまとめ

本時の評価

・3 位数 × 2 位数の積を，自分なりに見積もることができたか。

・3 位数 × 2 位数を筆算で求めることができたか。

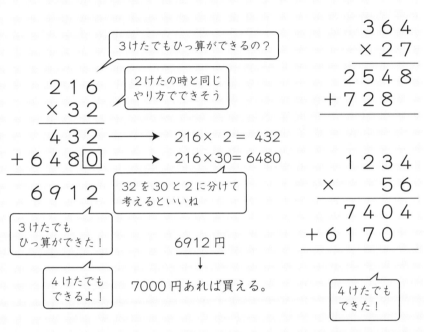

いくらあれば買えるかたしかめよう。

3けたでもひっ算ができるの？

2けたの時と同じやり方でできそう

$$216 \times 2 = 432$$

$$216 \times 30 = 6480$$

32 を 30 と 2 に分けて考えるといいね

3けたでもひっ算ができた！

4けたでもできるよ！

6912 円
↓
7000 円あれば買える。

4けたでもできた！

4 3桁でも筆算ができるの？

2桁のときと同じ方法だよ

位で分けて計算するとうまくできたよ

「7000円で買える」と気付いた子どもに説明させることで，3位数×2位数の筆算を取り上げる。「3桁×2桁だけど筆算ができるの？」と問うことで，2桁×2桁と同じようにして筆算ができることを子ども自身で実感できるようにすることが大切である。

まとめ

本時で大切なのは3位数×2位数の筆算は2位数×2位数のときと同じように筆算ができることである。しかし，正しく計算ができているかどうかが不安な子どももいる。

そこで，授業前段で積を見積もらせる。積を見積もることが解決の見通しとなり，正しく計算しようとする子どもの姿につながる。本時の学習を通して，計算結果の見直しに見積りを活用する子どもにしていきたい。

本時案

0があるかけ算の筆算に挑戦しよう

・末尾が0であったり，空位があったりするかけ算の筆算を正しく計算することができる。

本時の目標

「0がある」は授業後段で板書。

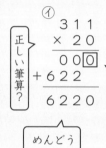

〇月□日（△）

0がある　かけ算の筆算

① 311×20

311×2をすれば
かんたん

⑦
```
  3 1 1
×     2
─────────
  6 2 2
```
6220
×10

⑦
```
  3 1 1
×   2 0
─────────
  0 0 0
+ 6 2 2
─────────
  6 2 2 0
```
正しい筆算？

めんどう

⑦
```
  3 1 1
×   2 0
─────────
  6 2 2 0
```
さい後に0

かんたん！

0×1って
どういうこと？
・0が1こ
・0は何こあっても0

授業の流れ

1　311×2をすればいい

2ではなくて20だよ

311×2をした後，後ろに0を付ければよかったでしょ

いつ勉強したか覚えている？ノートを見返してごらん

①311×20を提示すると，子どもは「311×2をすればいい」とつぶやくだろう。「2ではなくて20だよ」と返すことで，既習である何十をかけるかけ算の計算の仕方を全体で確かめる時間とする。その際，ノートを振り返らせることも有効である。

2　どの方法で計算しますか

⑦は面倒だなぁ

私は⑦でします。今までもこの方法でしてきたから

311×2を10倍して6220が求められても，2桁×2桁の筆算を示し求めさせる。⑦では，0に何をかけても0であることを確認する。その上でどの方法で計算するかを主体的に判断させる場面をつくる。自ら方法を選ぶことで自分なりの根拠をもって，計算方法を決めることが大切である。

3　301×20=620でいい？

答えが小さすぎるよ

311×20と301×20で，そんなに答えは変わらないよ

どこが間違えているのかな

②として301×20を提示し，1分程度取り組ませた後，誤答例を示し「これでいい？」と投げかける。ここで空位をどのように扱うかを検討することで，正しい計算の技能を身に付けさせたい。

10 小数

11 重さ

12 分数

13 □を使った式

14 2桁のかけ算

15 倍の計算

16 二等辺三角形・正三角形・角

17 表とグラフ

18 そろばん

19 3年のまとめ

本時の評価

・末尾が0の場合の筆算の仕方を判断し選ぶことができたか。
・空位があるかけ算について，正しく計算することができたか。

どこがまちがえている？

暗算でもできそう

② 301×20

```
  3 0 1
×   2 0
───────
  6 2 0
```

620でいい？
・へりすぎ
・31×20に
  なっている。

```
    3 0 1
  ×   2 0
─────────
    0 0 0
+ 6 0 2
─────────
  6 0 2 0
```

1×20＝　　20
00×20＝　　0
300×20＝6000

2×0って
どういうこと？
・2が0こ
・2が1つもない
  つまり…　0

③ 300×20

```
    3 0 0
  ×   2 0
─────────
    0 0 0
+ 6 0 0
─────────
  6 0 0 0
```

0ばっかり！

0があるかけ算の筆算は…
・かんたん
・工ふうすれば筆算しなくても
  いい。
・ぎゃくにややこしい。
・0をわすれたらいけない。

4 0があるかけ算の筆算は…？

工夫すれば筆算しなくて
もできるときがあるよ

途中に0があるとき
は，気を付けないと間
違えそうだね

③300×20に取り組ませた後，「今日のまとめを書くよ」と言い「0があるかけ算の筆算は」まで板書し，続きを子どもに考えさせる。気を付けることと楽に計算できる両面に気付けるようにさせたい。

まとめ

　かけ算の筆算の学習は，計算の習熟だけに陥りやすい。子どもがそう感じてしまうと空位のあるかけ算で誤答しても「0を忘れただけ」と処理してしまい，正しい技能は身に付かない。

　本時は，末尾が0であったり空位があったりするかけ算について，どのように計算するかを子どもが主体的に判断する場面を設定することで，正しい理解を促進し，確かな計算技能を身に付けさせることが大切である。

本時案

筆算でする？
暗算でする？

・簡単なかけ算において，暗算の仕方を理解し，暗算ができる。

授業の流れ

1 筆算でする？　暗算でする？

暗算でできるなら暗算でしたいけど…

せっかく筆算を習ったから筆算でする

「筆算でする？　暗算でする？」と板書し，「みんなはどっち？」と聞く。子どもたちは口々に筆算でする場合や暗算でしたい根拠を話すだろう。ここでは，筆算を使う方がいい場面と暗算でできる場面があることを想起させることが大切である。

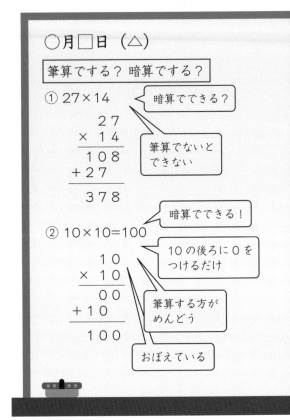

◯月□日（△）

筆算でする？　暗算でする？

① 27×14 ＜ 暗算でできる？

```
     27
  ×  14
    108
  + 27
    378
```

筆算でないとできない

② 10×10＝100

暗算でできる！

```
     10
  ×  10
     00
  + 10
    100
```

10 の後ろに 0 をつけるだけ

筆算する方がめんどう

おぼえている

2 暗算じゃできないよ

27×10＝270で27× 4 は…

筆算はしていないけど，暗算とは言わないよ

27×14を提示すると，「えっ，暗算でできるの？」という反応が見られる。暗算でできる問題が提示されると思っていた子どもの反応は揺らぐ。その後10×10を提示する。これには多くの子どもが暗算と答える。この 2 題で，筆算と暗算の場合があることを確かめ，主体的に判断するきっかけをつくる。

3 暗算でもできそうだよ

筆算する方が間違えないよ

繰り上がりするかしないかで変わりそうだね

23× 3 を提示すると暗算でもできそうという声が上がる。しかし，この段階では筆算しようとする子どもも認める。次に24× 4 を提示すると筆算をしようとする子どもが多い。その中から，「繰り上がり」に着目する子どもの姿を引き出すことが大切である。

本時の評価

・問題によって，筆算で求めるか暗算で求めるかを考えられたか。
・簡単なかけ算において，暗算することができたか。

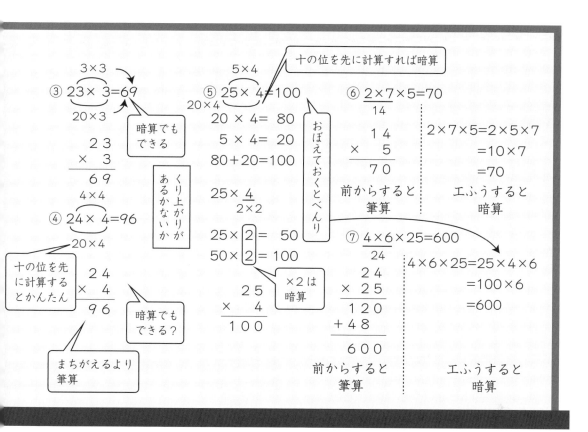

---

4 覚えておくと便利だね

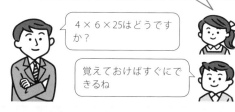

4×6×25はどうですか？

覚えておけばすぐにできるね

　25×4を提示しそれぞれの方法で解決させる。筆算をした子どもであっても100という整った数から「何か工夫できないか」と考えるようにさせたい。その後活用できる4×6×25に取り組ませる。「覚えておけば簡単だった」という経験が，暗算をしようとする姿につながる。

まとめ

　筆算を身に付けると，工夫をせずにどんなかけ算でも筆算で処理しようとする子どもが見られる。これは，暗算でした方が楽で簡単という経験が乏しいことが関係していると思われる。
　そこで本時では，筆算か暗算かを主体的に判断させる学習を通して，「暗算でできないかな？」「筆算を使わなくてもできそう」等と感じさせることが大切である。この学習経験が日常生活においても簡単な場合のかけ算を暗算で処理しようとする子どもにつながると考える。

10 小数

11 重さ

12 分数

13 □を使った式

14 2桁のかけ算

15 倍の計算

16 二等辺三角形・正三角形・角

17 表とグラフ

18 そろばん

19 3年のまとめ

本時案

5枚のカードで
かけ算の筆算を
つくろう

授業の流れ

1 かけ算の式をつくりましょう

たくさんできそうだね

ダメなかけ算もあるよ

どういうことか分かりますか？

　0～4の5枚の数カードを用意しておき，黒板上で1人にカードを置かせることで題意をつかませる。ここで「ダメなときもあるよ」というつぶやきを取り上げ，0の扱いについて共有することが大切である。

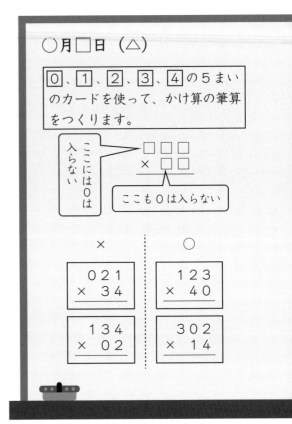

○月□日（△）

⓪、①、②、③、④の5まい
のカードを使って、かけ算の筆算
をつくります。

ここには0は入らない

ここも0は入らない

×	
0 2 1	1 2 3
× 3 4	× 4 0
1 3 4	3 0 2
× 0 2	× 1 4

2 答えが一番大きくなるかけ算は？

僕のは絶対に違うよ

どうしてそんなことが分かるの？

4を一の位で使っているから

　ワークシートを配布しかけ算の筆算をつくらせる。計算をしていない段階で答えが一番大きくなりそうなかけ算を選ばせると「僕のは違う」という子どもがいる。その根拠を考えることが積を見積もったり筆算の仕方を考えたりすることにつながる大切な活動となる。

3 百の位が4のとき最大になるの？

そうだよ

3□□×4□も大きくなりそうね

　被乗数の百の位が4だと最大になるという発言を取り上げ「4□□×3□が最大になるの？」とさらに問うことで「3□□×4□も最大になるかも」という考えを引き出す。ここまでの見通しを共有した上で最大になりそうな筆算に取り組むことが，最大数を発見する目的で習熟に取り組むことにつながる。

10 小数
11 重さ
12 分数
13 □を使った式
14 2桁のかけ算
15 倍の計算
16 二等辺三角形・正三角形・角
17 表とグラフ
18 そろばん
19 3年のまとめ

本時の評価

・積を見積もったり，筆算の仕方を確かめたりしながら，最大や最小となるかけ算を考えていたか。
・3位数×2位数のかけ算を正しく計算することができたか。

準備物

・数カード
・ワークシート

213	143	301	423	120	203	230
× 40	× 20	× 42	× 10	× 34	× 41	× 14

答えがさい大になるかけ算　　　答えがさい小になるかけ算　　　さっきの反対

ぼくのはぜったいにちがう

百の位「1」がさい小？

```
    130      140      103
  ×  24    ×  23    ×  24
    520      420      412
  260      280      206
  3120     3220     2472
```

143
× 20

どうして？
・140×20 で 2800
400×30＝12000

百の位が4のときさい大になる？　12000 より大きい答えがある。

百の位「4」がさい大

・百の位が4じゃない。
十の位「4」でもさい大

```
    143      234
  ×  20    ×  10
  2860     2340
              さい小
```

十の位「1」がさい小！

```
    431      420      410      320
  ×  20    ×  31    ×  32    ×  41
  8620      420      820      320
          1260     1230     1280
    421   13020    13120    13120
  ×  30
  12630              さい大
```

かけ算の筆算を学習して
・筆算2だん目の右はしは0がある。
・0があるときはエふうして計算するほうがいい。
・答えを予想してから計算するとまちがえにくい。

---

4 答えが一番小さくなるかけ算は？

1と2の置くところが大事だね

103×24かな？
234×10？

最大数を発見できた後，最小数となる筆算について考える。最大数の見つけ方を生かして，ペアやグループで話し合いながら取り組ませてもよい。その際，根拠をもって最小になりそうなかけ算を探し，主体的に筆算に取り組ませることが大切である。

まとめ

これまで学習してきたことを生かす活用の時間として取り組む。3位数×2位数の筆算を繰り返し練習するのではなく，0を含む筆算や積の見積り，筆算の仕方等を確かめながら最大数や最小数を見つけようとすることを通して，筆算の習熟を図ることが大切である。

授業後段には，本単元の学習を通して分かったことや2，3位数×2位数の計算で気を付けること等を振り返らせることで，学びをより確かなものとしたい。

15 倍の計算 〔3時間扱い〕

単元の目標

・数量の関係や倍の意味について理解し，比較量や基準量，割合を求められるようにするとともに，倍の意味を図や式を適切に用いて考える力を養い，二つの数量の関係を考察する考えを今後の生活や学習に活用しようとする態度を養う。

評価規準

知識・技能	○数量の関係や倍の意味を理解し，問題場面に応じてテープ図や□を使った式などを用いながら，答えを求めることができる。
思考・判断・表現	○数量の関係に着目し，倍の意味について図や式を用いて考えたり，倍の考えを用いて問題場面を処理したりし，説明している。
主体的に学習に取り組む態度	○数量の関係，倍の意味について考えた過程を振り返り，倍の考えを用いた数理的な処理のよさに気付き，今後の生活や学習に活用しようとしている。

指導計画 全3時間

次	時	主な学習活動
第1次 倍の計算	1	もとになる長さのリボンを決め，そのいくつ分かで，全体の長さを測る。
	2	複数のリボンの長さの関係をテープ図や数直線に表して考え，□を用いた乗法の式に表す。 □に当てはまる数を除法を用いて求める。
	3	自分の「あた」や「つか」をもとにして，身の回りのものの長さを調べる。

⑴倍の指導

　子どもは，第2学年時の九九の学習を通して，「いくつ分」という表現を「倍」と置き換えて表現することを学習している。倍概念は割合であり，小数や分数のかけ算の学習で重点的に扱う内容でもある。第2学年の段階では，「『2つ分』のことを『2倍』とも言う」という押さえ方でよいが，子どもが「全く同じもの」と捉えてしまわないように，下学年からの丁寧な指導の積み重ねが必要になる。

　そこで，第3学年以降の学習では，倍に関する内容を単元化し，常に割合の三用法をセットで扱う。

> 第一用法：二つの量A，Bが分かっていて，A（比べる量）がB（もとにする量）の何倍に当たるか（割合）を求める方法
> 第二用法：B（もとにする量）と何倍（割合）が分かっていて，A（比べる量）を求める方法
> 第三用法：A（比べる量）と何倍（割合）が分かっていて，B（もとにする量）を求める方法

常にこの三用法を関連付けて捉えられるようにし，倍についての理解を深めていく。

⑵テープ図や数直線の指導

　本単元で働かせたい見方・考え方は2量の関係に着目することである。しかし，この"関係"というのは目に見えず，子どもにとって捉えることが難しいものである。そこで，目に見えない2量の関係を可視化する表現方法として，テープ図や数直線を活用する。

　単元前半は，まずリボンを題材として，具体物を用いて実際に測定する問題解決に取り組ませる。実物のリボンを並べたり「いくつ分」を測りとったりする活動を通して，徐々にその具体的表現を図的表現（テープ図や数直線図）に置き換えていく。その中で，「もとにする量」や「比べる量」，「何倍」に当たる部分が図のどこに表されているかを捉えさせるようにする。

　単元後半は，リボン以外を題材とし，題材が変わっても同じような図に表現でき，関係を捉えられることに気付かせていく。問題場面と図，図と式を関連付けてその意味や根拠を説明する活動を通して，2量の関係を捉えることに十分に慣れ，生活や学習で活用できるようにする。

⑶乗法と除法

　子どもは「倍」という言葉が問題にあることで，乗法を用いる傾向がある。しかし，実際は2量の関係から「何倍」を求めるとき（第一用法）は包含除の操作，「比べる量」と「何倍」から「もとにする量」を求めるとき（第三用法）は等分除の操作になり，除法が用いられる。この「倍なのにわり算になる」ことの理解につまずく子どもは大変多く，本単元の学習で子どもが混乱する要因の一つとなっている。

　このとき，「何倍」を「□倍」のように□を使って考えると，「もとにする量」×□＝「比べる量」という式に表すことができるようになる（第二用法）。式で使われている数や□が図的表現ではどこに当たるのか丁寧に確認しながら学習を進め，乗法と除法の関係についての理解を深める。

本時案

6倍のリボンは
どれかな？

・90cmの長さのリボンをつくる活動を通して，倍の考え方を知る。

授業の流れ

1 6倍のリボンはどれ？

Dは絶対違う！

「絶対違うと思うのは？」と問い，明らかに6倍ではないD→Bの順番で確かめる。

15cmのリボンのいくつ分で確かめ，Dは2倍，Bは3倍になっていることを確認する。

「ではCで間違いないね」と断定的に問うことで，子どもにCも確かめる必要性を感じさせる。Cは7倍で，6倍のリボンはないことを確認する。

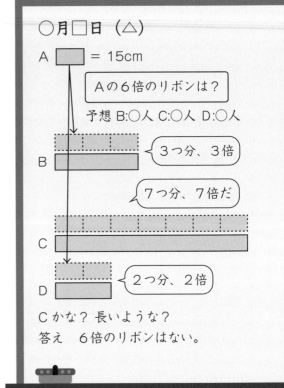

○月□日（△）

A ▢ = 15cm

Aの6倍のリボンは？

予想 B:○人 C:○人 D:○人

B

3つ分、3倍

7つ分、7倍だ

C

D

2つ分、2倍

Cかな？ 長いような？
答え　6倍のリボンはない。

2 6倍のリボンを忘れちゃった

ないならつくっちゃおう

6倍のリボンをつくることを活動の目的と設定する。このとき，定規を使わないことをルールとすることで，はじめに提示したA〜Dのリボンを使うことに気付かせる。

3 BやDを使ってもつくれるよ

どうやって？

「Aの6倍」という表現を，15×6という式表現に置き換えて意味を確認する。

その後，BやDをもとにしている考えを取り上げ，共有を図る。このとき，図から考えを予想したり，式から図を予想させたりする。何を何倍しているのか確認し，かけ算で求められることを理解する。

10 小数

11 重さ

12 分数

13 □を使った式

14 2桁のかけ算

15 倍の計算

16 二等辺三角形・正三角形・角

17 表とグラフ

18 そろばん

19 3年のまとめ

本時の評価

・もとにするリボンの長さのいくつ分でリボンを測りとり，その長さを「倍」を用いて表すことができたか。

準備物

・リボン（15cm，30cm，45cm，105cm）

6倍のリボンをつくっちゃおう。

どうやってつくる？

15cmの6倍だから90cmの長さ

定ぎは使わない

○Aのリボンを使って

式）15 × 6 〔Aの6倍〕

○Bのリボンを使ってもできる。

式）45 × 2 〔Bの2倍〕

○Dのリボンを使ってもできる。

式）30 × 3 〔Dの3倍〕

□cm の ○倍
（もとの長さ） × 倍

6倍なのに×2、×3でいいの？

$15 × 3 × 2$
$= 45 × 2$

$15 × 2 × 3$
$= 30 × 3$

もとにするテープによって○倍はかわる。
かけ算で長さをもとめることができる。

---

4 6倍なのに，なぜ×2（×3）？

図と式に表そう

「6倍の長さを求める」という目的の解決に「×2」「×3」が使われていることの理由を考える。複数の方法が全て「Aの6倍」につながっていることを押さえる。

かけ算の式変形もこのような場面で扱い，活用できるようにする。

まとめ

Bを6倍しちゃうと…

もとが長くなると6倍も長くなる

「○倍」の長さはかけ算で求められることを確認する。

また，もとにする長さが変わることで，倍は変わることを確認する。

※時間があれば，「BやDの6倍」の長さなどをつくる方法を考えさせる。

本時案

何の何倍かな？

 2/3

本時の目標

・問題場面を□を使って式に表したり，□に当てはまる数を除法を用いて求めたりする。

授業の流れ

1 B は何倍かな？

え!? 何の？

A，B，Cの3本のテープを提示して，「Bは何倍かな？」とあえてもとにする量を隠して問う。子どもが求めてきたら，AとCをそれぞれもとにした場合を仮定し，予想させる。

「何の」というもとにする量を定めないと答えが変わってしまうことを確認する。

○月□日（△）

B は何倍かな？　　え？何の？

A ▭

B ▭▭▭▭▭▭▭

C ▭

「BはAの何倍？」だったら
　Aのいくつ分か？
　予想 4倍？ 5倍？ 6倍？

「BはCの何倍？」だったら
　Cのいくつ分か？
　予想 8倍？ 9倍？

「何の」が決まらないとわからない。

2 "Aの"何倍？

AとBの
長さを知りたい

Aをもとにしたときを考える際，解決に必要な条件を確認する。答えの6倍を先に確認し，どのように求めたかを尋ねる。

前時のように，リボンを並べていくつ分かを求める方法と，計算で求める方法を取り上げ共有させる。

3 "倍"なのにわり算？

48÷8

前時までに「倍の計算はかけ算」と学習してきた子どもの中には，わり算になることに違和感をもつ子どももいる。

前時までの表現に当てはまるように□を使った式で確認しながら，わり算になる意味を丁寧に確認していく必要がある。

・割合を求める場面について，「何倍」を「□倍」と置き換え，□を使った式で表すことができたか。
・「もとにする量」を求める場面を，もとにするリボンの長さを□
　cm と置き換え，□を使った式で表すことができたか。

準備物

・□に当てはまる数を，除法を正しく用いて求めることができたか。　・リボン（提示用）

Bは"Aの"何倍かな？

何が分かればかい決できる？

Aの長さ　　Bの長さ

A：8cm　　B：48cm

（式）48÷8＝6　　答え　6倍

（図）

なぜ、"倍"なのにわり算？

8cm の□倍が48cm

8　×□＝48

□＝48÷8

何倍かをもとめるときはわり算を使う。

Bは"Cの"何倍かな？

C：6cm

（式）48÷6＝8　　答え　8倍

6cm の□倍が48cm

6　×□＝48

□＝48÷6

4倍で48cm になるリボンはある？

□cm の4倍が48cm

□×4＝48cm

□の場所
がちがう

□＝48÷4

＝12　　　　　12cm

□を使って式に表すと、意味がわかる。

---

13 □を使った式

14 2桁のかけ算

15 倍の計算

16 二等辺三角形・正三角形・角

17 表とグラフ

18 そろばん

19 3年のまとめ

4 4倍のリボンは？

 今度は倍じゃなくて
もとの大きさだ

「Bは"Cの"何倍？」と活動を変える。Cが6cm であることを伝え，先ほどと同様に，わり算を用いて8倍であることを求める。

その後，予想時に出た"4倍"や"5倍"を取り上げ，もとの大きさを考えさせる。倍を考えるときともとの長さを考えるときでは，□の位置が変わることを確認する。

まとめ

 同じわり算だけど
違うところは？

かけ算にしたときの
□の位置が違う

本時の学習を振り返り，「何倍」や「もとにする大きさ」を求めるときは，わり算を使うことを確認する。また，□を使うと考えやすくなることも押さえる。

本時案

「あた」と「つか」を使って長さを調べよう

3/3

・「あた」や「つか」を使って、身の回りのものの長さを調べる活動を通して、基準量や比較量を求めたりその関係を図で表現したりして、身の回りの測定に生かす。

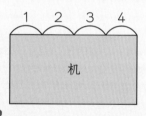

○月□日（△）

「あた」や「つか」を使って身の回りのものの長さを調べよう。

あた：親指と中指を広げた長さ
　　　先生は 15cm
つか：指4本分のはば
　　　先生は 8cm

机の横の長さを調べよう。
先生：あたの4倍
　　　15×4＝60　答え　60cm

1　2　3　4

机

授業の流れ

1 「あた」「つか」って何？

昔からある
長さの単位だね

「あた」や「つか」について説明する。その後、教師の「あた」（イラストでも可）で机の横の長さを調べてみせる。

この後、子どもが調べることを考え、測り方を丁寧に押さえる。

2 「あた」や「つか」で
長さを調べよう

あれ？
先生と違う
結果になった

子どもに机の横の長さ調べさせる。すると、当然教師とは異なる結果が出る。

例えば「先生と違って5倍になったという○○さんのあたは何 cm か分かるかな」と、一人の計測結果を取り上げて問う。

3 図や式にすると……

リボンの図みたいにできる

解決のために図や式を用いている子どもを価値付け、図や式に表現させる。

テープ図や□を使った式など、題材が変わっても活用できることを確認していく。また、図で表されているものと式で表されているものを関連付けて、理解を深めていく。

10 小数

11 重さ

12 分数

13 □を使った式

14 2桁のかけ算

15 倍の計算

16 二等辺三角形・正三角形・角

17 表とグラフ

18 そろばん

19 3年のまとめ

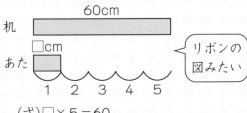

本時の評価

・基準量や比較量，倍の関係を図に表したり説明したりすることができたか。また，計算で求めることができたか。
・「あた」や「つか」を基準量として，その何倍かという見方で身の回りのものの大きさを測ろうとしていたか。

準備物

・定規

みんなの「あた」や「つか」ではかろう。
○○さん：あたの5倍
　○○さんのあたは何cm？

机　┃60cm┃

□cm

あた　1　2　3　4　5

リボンの図みたい

（式）□×5＝60
　　　□＝60÷5
　　　　＝12　　答え　12cm

△△さん：つかは6cm
　　△△さんのつかの何倍
　　（式）6×□＝60
　　　　□＝60÷6
　　　　　＝10　　答え　10倍

□の場所がちがう

自分の「あた」や「つか」でぴったりはかれるものをさがそう。

○つくえのたて
　つかの8倍　あたの3倍
○教科書のたて
　あたの2倍　つかの5倍

―まとめ―
・人によってたんい（あたやつか）はちがう。
・ものさしがなくても、あたやつかの何倍で、大体長さがわかる。

4　ぴったり何倍になりそうなものはあるかな？

大体の長さなら分かる！

まとめ

ロッカーは大体○cmだと思う

　机の横は，全員が「ぴったり何倍」と表せるわけではない。そこで，ぴったり何倍になるものを探させる。
　「あた」や「つか」を使って，およそ何倍と予測できることを価値付ける。

　「3あたちょっと倍」のような子どもらしい表現も取り上げておくと，小数倍の学習につなげていくことができる。また，自分の「あた」や「つか」を知っておくことで，もののおよその長さを測ることができることを価値付けておく。

16 二等辺三角形・正三角形・角　(8時間扱い)

単元の目標

- 二等辺三角形や正三角形を構成したり弁別したりする活動を通して，二等辺三角形や正三角形について理解し，作図ができる。
- 二等辺三角形や正三角形の角の大小・相等関係を確かめることができる。

評価規準

知識・技能	○二等辺三角形や正三角形の定義や性質が理解できる。 ○コンパスを使って，二等辺三角形や正三角形をかくことができる。
思考・判断・表現	○辺の長さに着目して，三角形を分類し，分類した三角形の特徴を見いだすことができる。 ○定義をもとに，二等辺三角形や正三角形について説明することができる。
主体的に学習に 取り組む態度	○二等辺三角形や正三角形の構成や作図，二等辺三角形や正三角形を使って敷き詰め模様をつくることを楽しむことができる。

指導計画　全8時間

次	時	主な学習活動
第1次 二等辺三角形と 正三角形	1	様々な三角形をつくり，辺の長さに着目して分類する。
	2	二等辺三角形や正三角形の意味を理解する。
	3	二等辺三角形の作図の仕方を考える。
	4	正三角形の作図の仕方を考える。
	5	二等辺三角形や正三角形を折り紙でつくる活動を通して，二等辺三角形や正三角形についての理解を深める。
第2次 角	6	三角定規の角の大きさについて考えることを通して，角の意味や性質について理解する。
	7	三角定規を2枚使って，既習の三角形，四角形の形をつくる。
	8	同じ大きさの二等辺三角形や正三角形を敷き詰めて，いろいろな模様をつくることができる。

10
小数

11
重さ

12
分数

13
□を使った式

14
2桁のかけ算

15
倍の計算

16
二等辺三角形・正三角形・角

17
表とグラフ

18
そろばん

19
3年のまとめ

単元の基礎・基本と見方・考え方

⑴三角形の構成

多くの場合，ストローを使った導入課題の場合が多い。しかし，本書では円周を12等分した右図を使用する。ストローを使った場合には，ストローの準備，そしてストロー同士を結びつけるところに苦労をすることが難点である。それに比べて，この教材では，12の点より3つの点を選び，直線を結ぶことで三角形ができる。子ども自身が直線を引き，三角形をつくるという経験を積むことができる。これは作図にもつながる経験である。

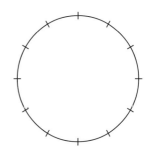

図形の概念を形成するときには，その構成要素に着目して図形を分類し，同じ仲間の特徴や異なる仲間との相違点を整理していく必要がある。

また子どもの素直な言葉に耳を傾け，子どもの言葉を生かして二等辺三角形や正三角形の意味を教えることができるように配慮することが大切である。

⑵三角形の弁別

三角形を弁別する際，子どもたちは直観的に行うことがあるが，「2つの辺の長さが等しいので」といった根拠を明確に捉えさせることが大切である。

この教材では，以下の図のように点と点の間の弧を数えることで，正三角形や二等辺三角形に分類することができる。

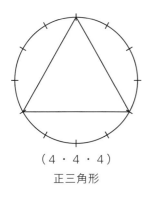

（4・4・4）
正三角形

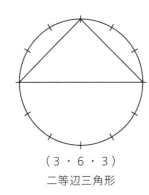

（3・6・3）
二等辺三角形

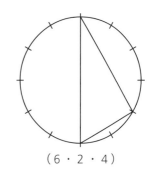

（6・2・4）

（　）の中の数値を合計すると12になる。そのことに気付き，合計が12になるように，線を結ぶ子もいるだろう。

さらに，三角形の弁別の際に配慮することは，二等辺三角形の向きである。下図のような向きに置いてある場合，二等辺三角形と認められない子どもがいる。様々な位置や向きの三角形について，角や辺の位置関係をもとに図形の種類や定義，性質をまとめることが大切である。

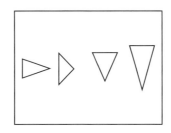

どんな三角形が
できるかな

・辺の長さに着目して，三角形を分類することができる。

授業の流れ

1 いろいろな三角形を
つくりましょう

ぼくはこんな形に
なりました

わたしはこんな形に
なりました

ワークシートを配布し，「点を3つ選んで，直線を引く」というルールを伝え，三角形づくりに取り組む。

この後の活動はグループで取り組むため，なるべく個人で取り組ませたい。

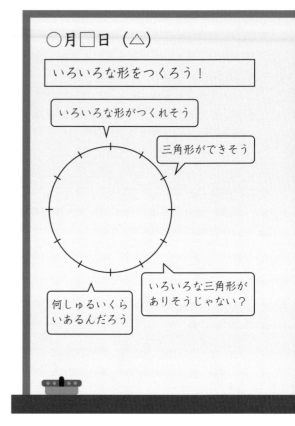

○月□日（△）

いろいろな形をつくろう！

いろいろな形がつくれそう

三角形ができそう

何しゅるいくらいあるんだろう

いろいろな三角形がありそうじゃない？

2 どんな三角形があるかな？

似ている形もある！

反対向きの形もある

自分のワークシートを切り分け，グループ（3〜4人）で切り分けたものを集める。

3 仲間分けをしよう

これはこっちじゃない？

これはどっちだろう

グループごとに三角形を仲間分けしてみる。

どのような観点で分類しているかに着目する。この後，他のグループがどのように分類しているのかを交流する時間がある。

分類した理由については，子どもの言葉で語れるようにしておく。

10 小数

11 重さ

12 分数

13 □を使った式

14 2桁のかけ算

15 倍の計算

16 二等辺三角形・正三角形・角

17 表とグラフ

18 そろばん

19 3年のまとめ

・辺の長さに着目して，三角形の分類の仕方を考えていたか。

・辺の長さに着目して，三角形を分類することができたか。

準備物

・ワークシート

・はさみ

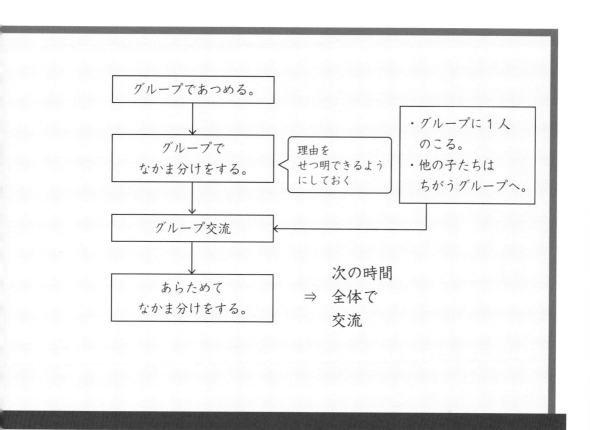

4 仲間分けを交流しよう

この班ではこのように考えました。なぜなら…

グループで1人残り，それ以外の子は違うグループに行く。残った1人はそのグループで話し合ってきたことや分類した理由についての話をする（何度か繰り返す）。

5 仲間分けをもう1度考えよう

これはやっぱりこっちじゃない？

これはこっちだよ

4で交流してきたことをもとに，改めて自分のグループの仲間分けについて考える。次時にて，クラス全体で交流することを伝え，授業を終える。

本時案

三角形を分類しよう

・三角形を分類する活動を通して，二等辺三角形や正三角形の意味を理解する。

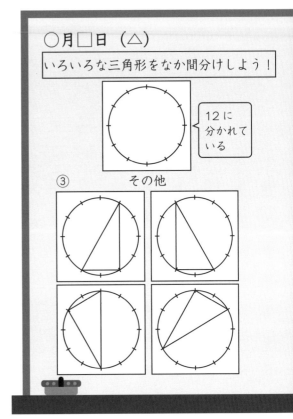

授業の流れ

1 どんな仲間に分けたかな？

この仲間は，2つの辺の長さが同じ三角形です

　子どもたちに考えたものを黒板に貼らせていく。このとき，教師が何も言わずに分類していく。そして，①正三角形，②二等辺三角形，③その他で，それぞれの仲間が「どんな仲間なのか」を子どもの言葉で説明させる。

2 辺の長さはどうなるかな？

左から（5，2，5）になります

　辺に着目した発言が子どもたちから出てくるだろう。そこで，（　）の数値の合計に着目することで，辺の長さに着目した分類について考える。

3 この三角形の名前は○○です

2つの辺の長さが等しい三角形を，二等辺三角形と言います

　仲間分けした三角形に「二等辺三角形」「正三角形」があることを伝え，さらに「二等辺三角形」「正三角形」の意味を伝え，ノートにまとめを書く。

　時間があれば，身の回りで「二等辺三角形」「正三角形」を探す。

10 小数

11 重さ

12 分数

13 □を使った式

14 2桁のかけ算

15 倍の計算

16 二等辺三角形・正三角形・角

17 表とグラフ

18 そろばん

19 3年のまとめ

本時の評価

・辺の長さに着目して，三角形を分類することができたか。
・二等辺三角形や正三角形の意味を理解することができたか。

準備物

・1時間目に使用したワークシート

① ②

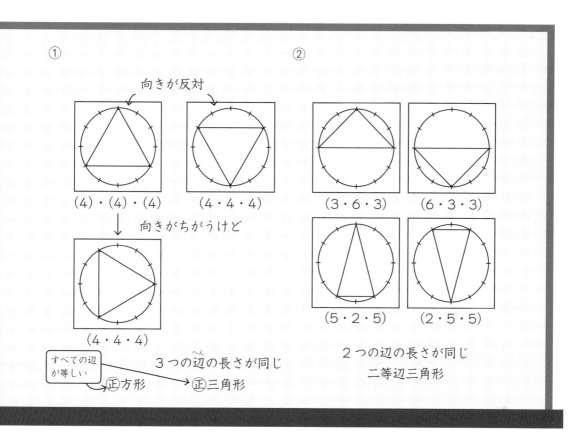

向きが反対

(4)・(4)・(4)　　(4・4・4)

向きがちがうけど

(4・4・4)

すべての辺が等しい

3つの辺の長さが同じ

正方形　　正三角形

(3・6・3)　　(6・3・3)

(5・2・5)　　(2・5・5)

2つの辺の長さが同じ
二等辺三角形

4 どんな名前かな？

じゃあ，これは三等辺三角形かな

「三等辺三角形」と言わないで，「正三角形」と言うことから，「正」の意味を考えさせる。「正方形」は4辺が等しい四角形なので，全ての辺が等しい形に「正」がつくことを押さえる。

まとめ

　算数の時間を2時間の連続にして，1時間目と2時間目の学習を行うことも有効である。
　子どもたちが辺に着目して考えていくためには，三角形をつくったり，仲間分けをしたりする時間をしっかりと確保したい。

本時案

二等辺三角形を
かこう

本時の目標

・二等辺三角形の作図の仕方を理解し，二等辺三角形を作図することができる。

授業の流れ

1 次の二等辺三角形をかこう

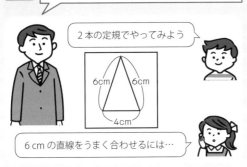

2本の定規でやってみよう

6cm　6cm

4cm

6cmの直線をうまく合わせるには…

　紙を渡し，3つの辺の長さが4cm，6cm，6cmの二等辺三角形をかく方法を考える。紙は折って使用してもよい。子どもたちが試行錯誤しながらなんとか2辺の端をそろえようとする姿を評価し，みんなに紹介する。

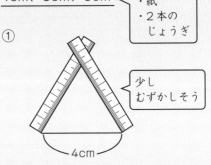

○月□日（△）

二等辺三角形をかこう！

2つの辺の長さが等しい三角形
4cm，6cm，6cm

・紙
・2本の
　じょうぎ

①

少し
むずかしそう

4cm

2本のじょうぎを使って，
6cm辺をかく。

2 どうしたら，2辺の端をそろえられるかな？

真ん中に直線を引いてかいてみました

　2辺の端をそろえるための考え方を出し合う。底辺の真ん中を通る垂直な直線（垂直二等分線）を引いて考えたり，紙を折って考えたり，長さを実測して二等辺三角形をかく考え方が出てくるかもしれない。

3 コンパスを使うとどうなるかな

コンパスで円をかいたよね

　これまでのコンパスの学習を思い出させながら，二等辺三角形の作図を完成させる。場合によっては，「コンパスでどのようなことができるのか」と聞くことで，コンパスの学習を思い出させることも有効である。

10 小数
11 重さ
12 分数
13 □を使った式
14 2桁のかけ算
15 倍の計算
16 二等辺三角形・正三角形・角
17 表とグラフ
18 そろばん
19 3年のまとめ

本時の評価

・コンパスと定規を用いて，二等辺三角形を作図することができたか。
・底辺をかくと2点の位置が決まり，もう1つの点の位置を決めればよいことを理解することができたか。

準備物

・コンパス　・定規
・箱
・3cm，4cm，5cmのカード（2枚ずつ）

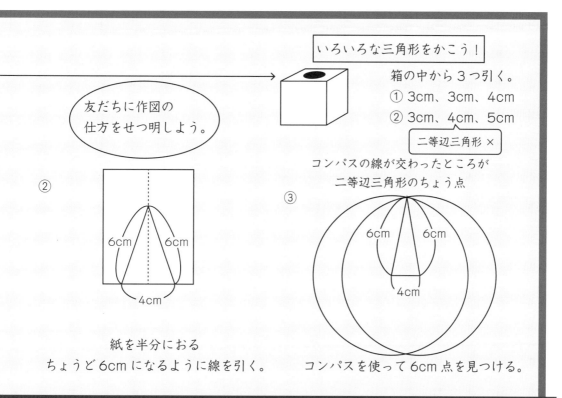

いろいろな三角形をかこう！

箱の中から3つ引く。
① 3cm、3cm、4cm
② 3cm、4cm、5cm
　二等辺三角形 ×

コンパスの線が交わったところが二等辺三角形のちょう点

友だちに作図の仕方をせつ明しよう。

② 6cm 6cm 4cm

紙を半分におる
ちょうど6cmになるように線を引く。

③ 6cm 6cm 4cm

コンパスを使って6cm点を見つける。

4 二等辺三角形のかき方を説明しよう

――――という方法でかきました

うんうん

　二等辺三角形の作図の仕方を友達に説明するという場を設ける。友達に分かりやすく説明することで，二等辺三角形の作図の仕方の理解を深める。このとき，実際に作図しながら行ってもよい。

5 箱から引いた条件で作図をしよう！

3cm 4cm

　3cm，4cm，5cmのカードが2枚ずつ入った箱を用意しておき，箱からカードを3枚引き，その条件に合った三角形を作図することで作図の技能を高める。

本時案

正三角形をかこう

・正三角形の作図の仕方を理解し，正三角形を作図することができる。

○月□日（△）

正三角形をかこう。

3辺の長さ
6cm，6cm，6cm

> コンパスで
> かける

> 長さは変え
> なくていい

6cm　　　6cm

> 底辺の長さと
> すべて同じ

> かんたんに
> かける

6cm

授業の流れ

1 次の正三角形をかこう

> 3つの辺の長さが等しいから…

> コンパスでとる長さをいくつにすればいいかな

　紙を渡し，3つの辺の長さが6cm，6cm，6cmの正三角形をかく方法を考える。紙は折って使用してもよい。

　「昨日は二等辺三角形の作図ができたから，今日は正三角形の作図を考えよう」と投げかけることで，二等辺三角形の作図を生かしてかく方法に気付かせる。

2 二等辺三角形のかき方のどこを変える?

> 正三角形をかくときには，はじめに引いた辺の長さと同じ長さをコンパスでとればいいね!

　「二等辺三角形のかき方のどこを変える?」と聞くことで，正三角形は，二等辺三角形の作図をするときにコンパスでとった長さを，底辺の長さと同じにすればかけることに気付かせる。

3 正三角形のかき方を説明しよう

> ぼくは――――という方法でかきました

> うんうん

　正三角形の作図の仕方を友達に説明するという場を設ける。友達に分かりやすく説明することで，正三角形の作図の仕方の理解を深める。このとき，実際に作図しながら行ってもよい。

10	小数
11	重さ
12	分数
13	□を使った式
14	2桁のかけ算
15	倍の計算
16	二等辺三角形・正三角形・角
17	表とグラフ
18	そろばん
19	3年のまとめ

本時の評価

・コンパスと定規を用いて，正三角形を作図することができたか。
・底辺をかくと2点の位置が決まり，もう1つの点の位置を決めればよいことを理解することができたか。

準備物

・コンパス　・定規
・箱
・3cm，4cm，5cm のカード（3枚ずつ）

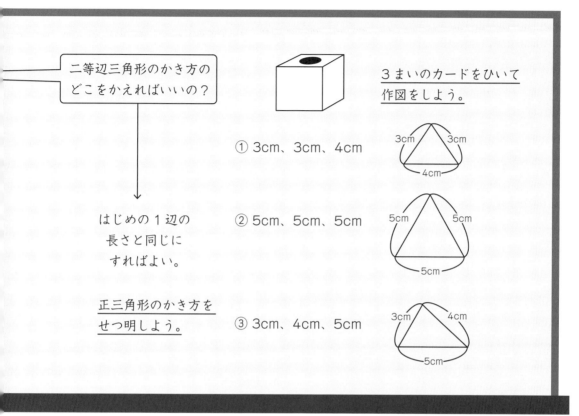

二等辺三角形のかき方のどこをかえればいいの？

はじめの1辺の長さと同じにすればよい。

正三角形のかき方をせつ明しよう。

3まいのカードをひいて作図をしよう。

① 3cm，3cm，4cm

② 5cm，5cm，5cm

③ 3cm，4cm，5cm

4 箱から引いた条件で作図をしよう！

　3cm，4cm，5cm のカードが3枚ずつ入った箱を用意しておき，箱からカードを3枚引き，その条件に合った三角形を作図することで作図の技能を高める。

まとめ

　正三角形の作図の仕方と二等辺三角形の作図の仕方は基本的には同じである。そのことに気付かせたのちに，**4**の活動にて作図を何度も行い習熟を行う。

　4の活動では，正三角形や二等辺三角形ならばいい条件のときもある。コンパスを使って，作図することに慣れることがねらいであるため，そのような条件のときも作図をするようにする。

本時案

折り紙を使って
形をつくろう！

・二等辺三角形や正三角形を折り紙でつくる活動を通して，二等辺三角形や正三角形についての理解を深める。

授業の流れ

1 折り紙で二等辺三角形をつくろう

> 2つに折って線を引いて…
>
> できたよ！

折り紙を使って，二等辺三角形づくりに挑戦する。何度も実際に折ったり，線を引いたりするなど試行錯誤をさせていく。**3**「折り紙で正三角形をつくろう」で，時間をかけるようにしていきたい。

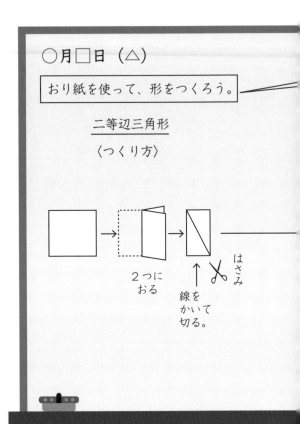

○月□日（△）

おり紙を使って、形をつくろう。

二等辺三角形

〈つくり方〉

2つに
おる

線を
かいて
切る。

はさみ

2 どうして二等辺三角形と言えるのかな？

> だって，こことここの辺の長さがいっしょだから

「どうして二等辺三角形と言えるのか」と聞き，つくり方を振り返りながら説明させる。

説明するとき，子どもは「ここ」と指さしがちだが，「辺」「長さ」が分かるようにその辺を指でなぞりながら説明させる。

3 折り紙で正三角形をつくろう

> 辺の長さを3つ同じにしないといけないから…
>
> できたよ！

折り紙を使って，正三角形づくりに挑戦する。何度も実際に折ったり，線を引いたりするなど試行錯誤をさせていく。何度失敗してもよいように，折り紙は何枚も用意しておく。

10 小数

11 重さ

12 分数

13 □を使った式

14 2桁のかけ算

15 倍の計算

16 二等辺三角形・正三角形・角

17 表とグラフ

18 そろばん

19 3年のまとめ

本時の評価

・折り紙で二等辺三角形や正三角形をつくる方法を，定義をもとに考えることができたか。

準備物

・折り紙
・はさみ
・封筒

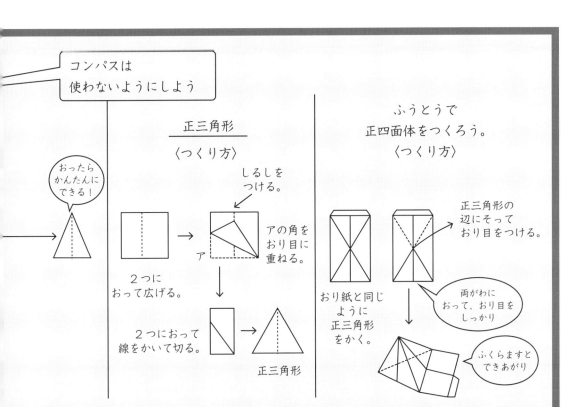

コンパスは使わないようにしよう

正三角形〈つくり方〉

おったらかんたんにできる！

しるしをつける。

2つにおって広げる。

アの角をおり目に重ねる。

2つにおって線をかいて切る。

正三角形

ふうとうで正四面体をつくろう。〈つくり方〉

正三角形の辺にそっており目をつける。

おり紙と同じように正三角形をかく。

両がわにおって、おり目をしっかり

ふくらますとできあがり

4 どうして正三角形と言えるの？

だって，3つの辺の長さがいっしょだから

「どうして正三角形と言えるのか」と聞き，つくり方を振り返りながら説明させる。

説明するとき，子どもは「ここ」と指さしがちだが，「辺」「長さ」が分かるようにその辺を指でなぞりながら説明させる。

5 正三角形4面のこの形を正四面体と言います

正四面体を子どもに見せる。折り方の手順を丁寧に説明しながら進める。折り紙でつくった正三角形を同じようにつくることが基本なので，再現できるか評価しながら進める。

最後に空気を入れて封筒を膨らませると正四面体ができる。

このような経験を子どもたちに積ませることも大切である。

本時案

角の大きい順に
並べよう

・三角定規の角の大きさについて考えることを
通して，角の意味や性質について理解する。

授業の流れ

1 直角はどれかな？

2つあるよ

1組の三角定規を提示し，「かどはどれかな」
と聞き，提示した三角定規に指を差させる。
　その後，「かど」という言葉をこれからは
「角」と言っていくこと，そして，1つの頂点
から出ている2つの辺がつくる形を「角」と
言うことを押さえる。

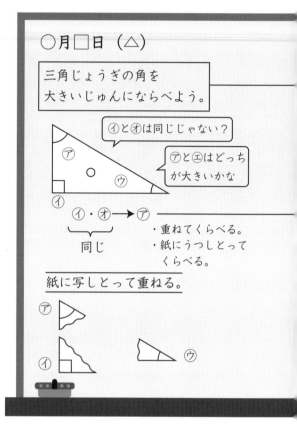

○月□日（△）

三角じょうぎの角を
大きいじゅんにならべよう。

⑦と⑦は同じじゃない？

⑦と⑦はどっち
が大きいかな

⑦・⑦ → ⑦
同じ

・重ねてくらべる。
・紙にうつしとって
　くらべる。

紙に写しとって重ねる。

2 角の大きさが大きい順に並べよ
う

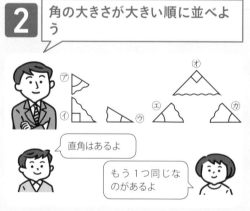

直角はあるよ

もう1つ同じな
のがあるよ

1組の三角定規には，6つの角がある。ア
〜カまで記号をつけて，角の大きさが大きい順
に記号を並べることを問題にする。

3 どうしてその順番って分かったの
かな？

紙に写しとったりする
よ

三角定規を重ねたよ

角の大きさの大きい順を聞いた後に，三角定
規を重ねて比べたり，紙に写しとったりしなが
ら考えたりしたなどの考え方を全体で話し合っ
ていく。

10 小数

11 重さ

12 分数

13 □を使った式

14 2桁のかけ算

15 倍の計算

16 二等辺三角形・正三角形・角

17 表とグラフ

18 そろばん

19 3年のまとめ

本時の評価

・二等辺三角形や正三角形について，角の性質を理解することができた か。

・二等辺三角形，正三角形の角の大きさの関係を調べることができたか。

準備物

・三角定規（黒板掲示 用）

・角を写しとる紙

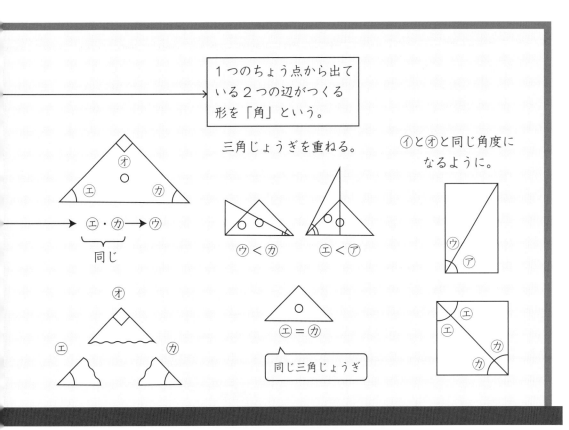

1つのちょう点から出て いる2つの辺がつくる 形を「角」という。

三角じょうぎを重ねる。

㋑と㋔と同じ角度に なるように。

㋓・㋙ → ㋒

同じ

㋒ < ㋙   ㋓ < ㋐

㋓ = ㋙

同じ三角じょうぎ

4 ㋑と㋔と同じ角度になるよう に，組み合わせてみよう

直角になったよ

友達と一緒に三角定規をくっつけて，組み合 わせを考える。

まとめ

　子どもは直角を知っているので，三角定 規の中から直角を見つけさせ，「角」の意 味を押さえる。その上で，角の大きさが大 きい順に並べるという活動をすることで， 角の大きさが辺の開き具合で決まることを 理解することがねらいである。

　3年生までは，角を長方形や三角形など の図形の一部として静的な見方で捉える。 4年生では，角の大きさを回転の量という 動的な見方で捉え，角の意味についての理 解を深める。

本時案

三角定規で形を
つくろう！

本時の目標

・三角定規を2枚使って，既習の三角形，四角形の形をつくり，その形について説明する。

授業の流れ

1 三角定規を2枚くっつけて，いろいろな形をつくろう

どのような形がつくれるかな

を2枚使うと…

友達と協力しながら，2組の三角定規をくっつけて様々な形をつくらせる。つくった形がどのような形なのか理由も言えるようにしておく。理由はノートに書かせておくと，発表しやすくなる。

○月□日（△）

三角じょうぎをくっつけて，いろいろな形をつくろう。

正方形

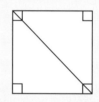

長さが全部同じ
全部直角

2 どうして正方形なの？

全部辺の長さが同じです

角度も同じだよ

「どうして正方形なの？」と聞くことで，辺の長さや角度に着目して，正方形になる理由を説明することができる。

子どもが説明した言葉で板書していく。子どもが「かど」などの言葉を使ったときには，「角度」などの言葉に置き換えていく。

3 どうして二等辺三角形なの？

2つの辺の長さが同じです

角度も2つ同じです

「どうして二等辺三角形なの？」と聞くことで，辺の長さや角度に着目して，二等辺三角形になる理由を説明することができる。

子どもが説明した言葉で板書していく。子どもが「かど」などの言葉を使ったときには，「角度」などの言葉に置き換えていく。

10 小数

11 重さ

12 分数

13 □を使った式

14 2桁のかけ算

15 倍の計算

16 二等辺三角形・正三角形・角

17 表とグラフ

18 そろばん

19 3年のまとめ

本時の評価

・二等辺三角形や正三角形の辺や角の性質を生かして形をつくったり，
その形について説明することができたか。

準備物

・三角定規
・三角定規（黒板掲示用）

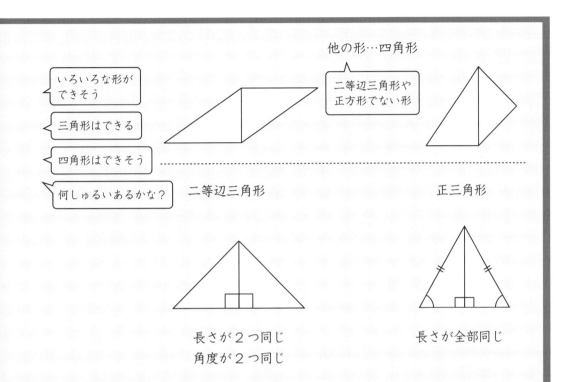

他の形…四角形

二等辺三角形や正方形でない形

いろいろな形ができそう

三角形はできる

四角形はできそう

何しゅるいあるかな？

二等辺三角形

正三角形

長さが2つ同じ
角度が2つ同じ

長さが全部同じ

4 どうして正三角形なの？

3つの辺の長さが同じです

角度も3つ同じだよ

「どうして正三角形なの？」と聞くことで，辺の長さや角度に着目して，正三角形になる理由を説明することができる。

まとめ

②〜④の順は子どもたちの反応によって，扱う順番を変えていく。④の正三角形になかなか気付くことができない子がいる。辺に着目している子が底辺が同じだと気付かない子もいる。そういった場合は角に着目させる。

「同じところはないかな？」と聞くことで，二等辺三角形の底辺にある2つの角の大きさがいつも同じであることに気付かせる。正三角形の場合は，3つの角の大きさが等しいことに気付かせる。

本時案

敷き詰めると
何が見えるかな？

本時の目標

・二等辺三角形や正三角形を使って敷き詰め模様をつくり，つくった敷き詰め模様の中に，他の形を見いだすことができる。

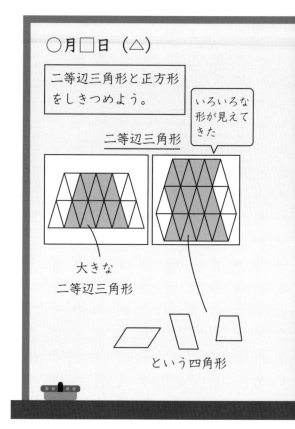

授業の流れ

1 色を塗って切り取ろう！

二等辺三角形や正三角形が印刷してある画用紙を配布し，それぞれの形に違う色を塗る。色を塗った後は切り取る。

2 敷き詰め模様をつくろう！

二等辺三角形だけで，正三角形だけでそれぞれの敷き詰め模様をつくる。

敷き詰め模様をつくるときは，辺と辺を合わせることをルールとする。

3 どのような形が隠れているかな

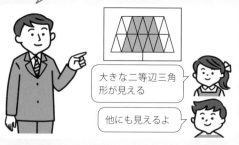

できた敷き詰め模様を観察する。二等辺三角形の敷き詰め模様なら，一回り大きな二等辺三角形を探してみる。

他にも，未習ではあるが，平行四辺形や台形や六角形などを見つけることができる。

敷き詰めると何が見えるかな？
140

10 小数

11 重さ

12 分数

13 □を使った式

14 2桁のかけ算

15 倍の計算

16 二等辺三角形・正三角形・角

17 表とグラフ

18 そろばん

19 3年のまとめ

本時の評価

・二等辺三角形や正三角形を敷き詰めて，きれいな模様をつくろうとしていたか。

準備物

・二等辺三角形，正三角形が印刷してある画用紙
・色鉛筆，クーピー
・ハサミ，のり

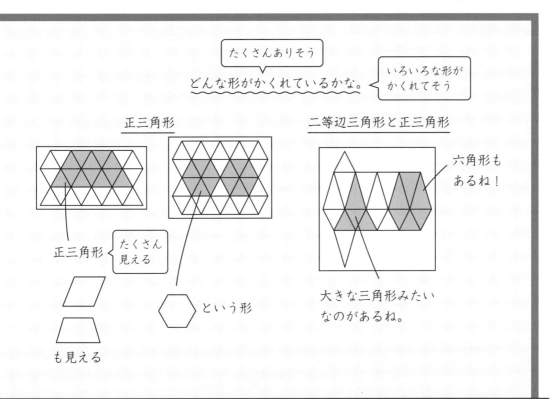

たくさんありそう

どんな形がかくれているかな。

いろいろな形がかくれてそう

正三角形

二等辺三角形と正三角形

六角形もあるね！

正三角形

たくさん見える

という形

も見える

大きな三角形みたいなのがあるね。

4 どちらの図形も使って敷き詰め模様をつくろう

大きな三角形をまたつくれるかな

面白い形ができた！

二等辺三角形，正三角形のどちらも使って，敷き詰め模様をつくる。

敷き詰め模様をつくるときは，辺と辺を合わせることをルールとする。

5 どのような形が隠れているかな

大きな三角形みたいなのが見える

他にも見えるよ

同じように平行四辺形の敷き詰め模様，台形の敷き詰め模様など，多様な敷き詰め模様として見ることができれば面白い。

17 表とグラフ （10時間扱い）

単元の目標

・多くの情報を観点別に分類整理するよさを実感するとともに、そのデータを表や棒グラフに表したり、表や棒グラフから必要な情報を読解したりすることができる。

評価規準

知識・技能	○目的に合った分類の観点を決めて資料を整理し、表に表したり、読んだりすることができる。 ○棒グラフの特徴を理解し、棒グラフに表したり、集団のもつ全体的な傾向を読み取ったりすることができる。
思考・判断・表現	○問題場面に応じて観点を決めて資料を分類整理し、表やグラフを用いて考察して、見いだしたことを表現する力を養う。
主体的に学習に 取り組む態度	○身の回りの事象から資料を集め分類整理し、集団の特徴や傾向を考えたり表やグラフの特徴に気付くとともに、表やグラフを進んで用いたりしようとする態度を養う。

指導計画　全10時間

次	時	主な学習活動
第1次 棒グラフとその表し方	1	好きな果物調べの順位を正確に答えるために、データを表に整理することができる。
	2	好きなスポーツ調べを棒グラフに整理する活動を通して、棒グラフのよさに気付くことができる。
	3	少ないデータの種類が多い場合は、その他としてまとめるよさに気付くとともに棒グラフをつくることができる。
	4	好きな教科の調査結果を表した棒グラフから、データ相互の関係を読解していくことができる。
	5	横型棒グラフを知るとともに、項目に順序性がある場合は多い順にしない場合があることを理解できる。
第2次 棒グラフの目盛りと積み上げグラフ	6	複数のデータを比較する活動を通して、データの大きさによって適切な1目盛りの大きさがあることに気付く。
	7	1組と2組の好きな給食メニューを表すグラフに積み上げグラフがあることを知り、そのよさに気付く。
第3次 二次元表	8	図書室で貸し出した本の種類と冊数を二次元表に整理し、その二次元表から貸し出しの傾向を捉える。
	9	不完全な二次元表から表に隠されたデータの求め方を考え、表から見えるデータの傾向などに気付く。
	10	横型の積み上げグラフを読解し必要なデータを読み取ったり、目盛り幅を意識したりする必要性に気付く。

10 小数

11 重さ

12 分数

13 □を使った式

14 2桁のかけ算

15 倍の計算

16 二等辺三角形・正三角形・角

17 表とグラフ

18 そろばん

19 3年のまとめ

単元の基礎・基本と見方・考え方

⑴複雑なデータを分類整理したくなる必要感を引き出す

　本単元で大切なことは，データを表や棒グラフに整理させることではない。子ども自らが，データを表や棒グラフに分類整理したくなる必要感を引き出していくことである。そのためには，提示するデータを教師が整理し過ぎないことがポイントになる。

　そのため本書の第1・2時では，右のように意図的にデータをランダムに子どもたちに提示している。この状態では，どの種類のデータが一番多いのかは分かりにくい。2番目・3番目に多いデータの種類はもっと分かりにくい。このような状況に出会うからこそ，データを整理したくなるのである。整理していく場面でも，子どもに整理の仕方を考えさせていく。社会科で目にする表や，2年生で学習した○の絵グラフが使えそうだという見方・考え方を引き出し価値付けていくことが大切である。

⑵棒グラフのよさの実感とデータの位置付け方

　棒グラフは絵グラフにおける○の長さを棒の長さに置き換えて表現したものである。棒グラフのよさは，棒の高さでデータの全体像が一目瞭然になる点にある。このよさを，授業を通して実感させていくことが本単元の基礎・基本である。

　また，棒グラフは一般には多い順にデータを並べるのが分かりやすい。しかし，月別や曜日別のデータの場合は，その順でデータを並べた方が分かりやすい。データの種類に応じて適切な棒グラフの並べ方を，子ども自身が選択できる見方・考え方を培うことも大切である。

　なお，棒グラフは次の点に気を付けて読ませるようにする。

①　表題を見て，何のグラフか知る。

②　縦軸・横軸が表しているもの，及び単位と1目盛りの大きさを知る。

③　全体のおよその傾向をつかむ。

④　目的に応じて個々の棒が表している数量の大きさを正しく読む。

⑤　最大・最小の値を読む。

⑥　種類別の差を読む。また，およその割合（2倍，3倍…）を読み取る。

⑶二次元表を子どもがつくり出す

　二次元表との出会いの場面でも，子どもがそれを使いたくなる必要感を引き出すことが大切である。第8時では，右の3カ月分の本の貸し出しデータを提示し，貸し出し3位を尋ねる。各月データが（前時までの学び通りに）多い順に整理されているために，3位は分かりにくい。だからこそ，3か月分のデータを整理し直したくなるのである。

9月		10月		11月	
種類	数(さつ)	種類	数(さつ)	種類	数(さつ)
物語	15	ずかん	24	でんき	19
でんき	6	物語	21	物語	16
ずかん	8	でんき	19	ずかん	14
その他	5	その他	8	その他	9

　データを整理し直す場面では，合計欄を追加するともっと分かりやすくなるなど，より分かりやすく整理したいという見方・考え方を引き出し価値付けていきたい。

本時案 授業DVD

好きな果物3位は何かな？

1/10

○月□日（△）

| すきな果物調べのけっかを発表します。 |

| いろいろあるね | | いちごが多いね |

○人気第3位は何かな？

| リンゴ | なし | わからない |

バラバラだ！

○なんではっきりしないの？

| おぼえていない！ | | 多すぎる！ |

| メモしていない |

授業の流れ

1 好きな果物調べの結果を発表！

3位は一体なんなの？

情報が多すぎだよ

メモしていないからよく分からない

メモするからもう1回聞きたい

事前に行った好きな果物調査の結果を発表する。その発表直後に，「人気第3位」を尋ねる。中途半端な3位を問うことで，子どもの考えにズレが生まれる。そこからメモや情報を整理する必要性を引き出していく。

2 もう1回結果を発表します

好きな果物調査第3位の結果がバラバラだったことから，「もう1回結果を聞きたい」と子どもは考える。しかし，結果を聞く前にノートに果物名を整理（メモ）したいと考える。

ノートに整理する時間を与えた後，「果物の名前を書いてどうするの？」と尋ねる。数字や正の字で発表結果を素早くメモしていきたいという思いを引き出していくことが大切である。

3 メモの準備ができたら発表開始！

表だと3位がぶどうだと分かるね

1位2位の他の順位もすぐに分かるね

表は分かりやすいね

ノートにメモ欄が完成したら，アンケート結果を再度発表する。子どもたちは，メモ欄に発表の度に記録をしていく。発表後，メモ欄を見ると，3位がぶどうであることがすぐに分かる。他の順位も一目瞭然となる。表に整理するよさを実感させることが大切である。

本時の評価

・好きな果物人気3位の答えにズレが生まれた理由を考える活動を通して，各アンケートのデータを表などに整理することで順位が明確になることに気付くことができたか。
・アンケートをまとめていくには，表に項目を書き出した後に「正」の字などの簡略した記号を使うことで簡単に整理できることに気付くことができたか。

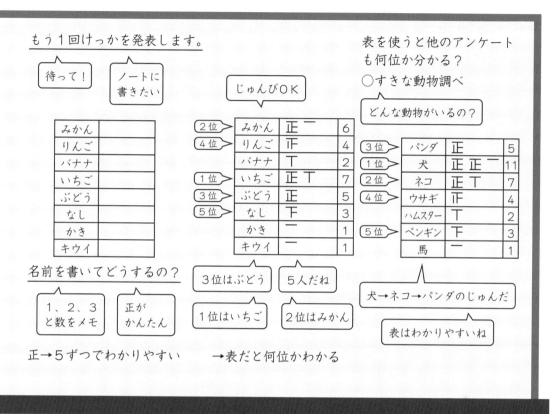

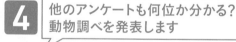

4 他のアンケートも何位か分かる？
動物調べを発表します

どんな動物がいるのか教えてほしい

動物の名前が分かればメモが簡単になる

表にまとめると，動物調べも順位が分かるね

　表のよさを実感した子どもたちに，他のアンケートでも表が分かりやすいのかを尋ねる。好きな動物調べの結果を例示する。表に整理するために動物の項目を事前に知りたいという声が生まれることを期待したい。表に整理すると，この調査も人気順位が一目瞭然となる。

まとめ

　好きな果物調べ結果を，「みかん」「りんご」……などと発表する。その後，中途半端な順位の人気3位を尋ねると，子どもの反応にズレが生まれる。このズレの原因を問いかけることで，「メモをしたい」「表に整理したい」という表にまとめる必要感を引き出していくことが大切である。
　表を使わせるのではなく，表を使いたくなる状況を設定するのである。表に整理することで，全ての人気順位が一目瞭然となる表のよさを実感させていきたい。

10	小数
11	重さ
12	分数
13	□を使った式
14	2桁のかけ算
15	倍の計算
16	二等辺三角形・正三角形・角
17	表とグラフ
18	そろばん
19	3年のまとめ

第1時
145

本時案

好きなスポーツがすぐ分かる方法は何かな？

本時の目標

・バラバラに提示された好きなスポーツの個人カードを棒グラフ状に整理する活動を通して，表よりも棒の高さで人気順位が判断できる棒グラフのよさに気付くことができる。

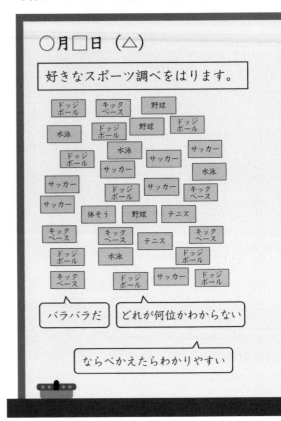

授業の流れ

1 好きなスポーツ調べを貼ります

> バラバラで全然分からない

> これじゃあ，どれが何位か分からない

> カードを並べ替えたら，もっと分かりやすくなるよ

> グラフみたいにしたらいいよ

子どもたちに目を閉じさせ，好きなスポーツ調べのカードをバラバラに貼る。このままでは人気順位がすぐに分からないことを自覚させ，カードを並べ替えるアイデアを引き出す。グラフにすることを教師が指示するのではなく，子どもから引き出すのである。

2 並べ替えてみよう

「並べ替えたら分かりやすい」の子どもの声をもとに，カードを子どもたちに並べ替えさせる。思いつきの順でカードを並べるよりも，データの多い順に並べ替えた方が分かりやすくなるという声を引き出していきたい。

多い順に並べ替えることで，人気順位が一目瞭然になることや，カードの高さでどれくらいの人気度があるのかが分かりやすくなるなど，グラフ化するよさへの気付きを引き出していくことが大切である。

3 並べ替えたカードを写そう

> カードを1枚ずつ写すのは面倒過ぎるよ

> もっと簡単にできないかな

> 水泳4人なら，ノートのマスを使って一気に縦4マスの長方形にしたら簡単だよ

黒板のカードを，ノートに写そうと投げかける。そのまま写す大変さを共有する中から，水泳カード4枚分なら，一気に縦4マスの長方形に置き換えるアイデアを引き出していきたい。これが棒グラフにつながる。

10	小数
11	重さ
12	分数
13	□を使った式
14	2桁のかけ算
15	倍の計算
16	二等辺三角形・正三角形・角
17	表とグラフ
18	そろばん
19	3年のまとめ

本時の評価

・バラバラに提示された好きなスポーツの個人カードのままでは人気順位などが分かりにくいことを自覚し，カードを項目ごとに整理したいと考えることができたか。

・整理されたカード(棒グラフ)とバラバラだったカードを比較することで，棒の高さでデータの多さがすぐに判断できるなどの棒グラフのよさに気付くことができたか。

準備物

・カード
・模造紙

ならべかえてみよう。

ドッジボール／サッカー／キックベース／水泳／野球／テニス／体そう

（吹き出し）
多いじゅんにするともっとわかりやすい

カードの高さで多い少ないがわかる

どれくらい多いかわかりやすい

ならべかえたカードを写そう。

（吹き出し）めんどう！

（吹き出し）カードを1まいずつ写すの？

（吹き出し）ノートのますを使って一気に□でかこめばかんたん！

すきなスポーツ調べ

（棒グラフ：ドッジボール・サッカー・キックベース・水泳・野球・テニス・体そう）

（吹き出し）かんたん！　速くできる

ぼうの長さで数の多さを表したグラフをぼうグラフと言います。

となりのクラスのけっかをぼうグラフにしよう。

ドッジボール	10人
サッカー	9人
キックベース	5人
水泳	4人
野球	3人
テニス	2人
体そう	0人

（棒グラフ：ドッジボール・サッカー・キックベース・水泳・野球・テニス・体そう）

（吹き出し）ドッジとサッカーがすごく多い

4　隣のクラスの結果を棒グラフにしよう

（吹き出し）ドッジとサッカーがすごく多いね

（吹き出し）体操は私たちの組は1人なのに隣は0人

　子どもたちがノートにかいたグラフを「棒グラフ」と呼ぶことを教える。

　次に，隣のクラスの結果を棒グラフにしようと投げかける。棒グラフが完成した後，「ドッジボールが多い」「自分のクラスは体操は1人なのに，隣のクラスは0人」など，データを比較する視点を引き出していきたい。

まとめ

　好きなスポーツ調べのアンケートカードを，意図的にバラバラに貼る。この状態から人気順位が分かりにくいことを自覚させ，カードを整理したいという見方を引き出していきたい。

　カードを整理した後，棒の高さで多い少ないが分かりやすい，棒の差に着目することでどれくらい多いか分かりやすいなどの，棒グラフのよさを子どもから引き出していくことが大切である。

本時案

少ないデータが多すぎたら…

・好きな食べ物調査を棒グラフに置き換える活動を通して，少ないデータの種類が多い場合は，その他としてまとめるよさに気付き，棒グラフをつくることができる。

○月□日（△）

すきな食べ物調べのけっかを発表します。

すきな食べ物調べ

	メモ	人数
カレーライス	正一	6
おすし	正	4
ラーメン	正下	8
パン	下	3
ハンバーグ	正	5
からあげ	丁	2
スパゲッティー	一	1
グラタン	一	1
シチュー	一	1
ビビンバ	一	1
やき肉	一	1
合計		33

たくさんあるね

ぼうグラフにするとわかりやすいね

授業の流れ

1 好きな食べ物調べの結果発表！

たくさんの食べ物があるね

このままだと人気順位が分かりにくいね

棒グラフにしたら分かりやすくなるね

その他の項目の必要性を実感させるために，人数が1人しかいない食べ物を複数用意する。アンケート発表後，「棒グラフにすると分かりやすいね」という声を引き出したい。棒グラフを使いたくなる状況設定を行うことが大切である。

2 棒グラフにしてみよう

表にまとめた好きな食べ物調べのデータを，棒グラフにまとめようと投げかける。

子どもたちにグラフ用紙を配布する。ただし，ここでは横軸が8マスしかない用紙を配布することがポイントである。棒グラフを作成している中で，「全部の項目が入らない」ことへの気付きを引き出していきたい。

調査結果をグラフに収めるためには，1人しか選択されていない項目をまとめ（その他）ればグラフ用紙に収められるという見方を引き出していきたい。

3 1人をその他でまとめよう

その他をつくると，全部のデータが入る

でも，棒が凸凹で分かりにくい

だったら，多い順に棒を並べ替えたらいいんじゃないかな

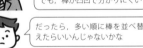

5つある1人の項目を，その他としてまとめて棒グラフに表記する。すると，全てのデータをグラフ用紙に収めることができる。

最初に提示した表の順でグラフを作成すると，棒の高さが凸凹になる。このグラフは分かりにくいと考える声を引き出していく。

10 小数

11 重さ

12 分数

13 □を使った式

14 2桁のかけ算

15 倍の計算

16 二等辺三角形・正三角形・角

17 表とグラフ

18 そろばん

19 3年のまとめ

本時の評価

・好きな食べ物調査の結果を棒グラフに置き換える活動を通して，少ないデータの種類が多い場合は，その他としてまとめることでグラフ用紙に収まることに気付くとともに，そのよさに気付くことができたか。

・その他の項目はグラフの最後尾に位置付ける理由に気付くことができたか。

準備物

・グラフ用紙

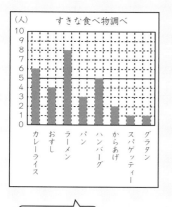

ぼうグラフにしくみよう

全部入らない

ビビンバ・やき肉は1人だからなし？

1人の食べ物をまとめたら？

その他ってあるね

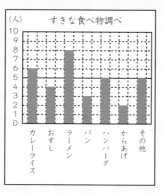

1人をその他でまとめよう

全部入った

ぼうがでこぼこでわかりにくい

多いじゅんにならべるといい

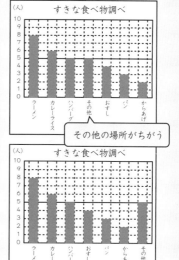

多いじゅんにならべかえよう

その他の場所がちがう

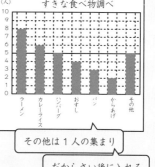

その他は1人の集まり

だからさい後に入れる

4 多い順に並べ替えよう

その他は1人の集まりだよ

もとは1人しかいなかから，右端にかけばいいよ

　データの多い順にグラフを並べ替えようと投げかける。5人のその他のデータをどの位置に設定するのか，子どもによって判断が分かれる。その他の扱いを子どもに考えさせる。「その他は，1人の食べ物を集めただけ」「もともとは1人ずつ」という見方を引き出し，その他は最終項目に位置付けることを納得させていくことが大切である。

まとめ

　好きな食べ物調査の結果を，棒グラフにまとめていく。1人の項目が5種類あるため，グラフ用紙に入り切らない気付きを引き出す。そこから，1人をその他としてまとめるよさに気付かせることが大切である。その他の必要性を引き出していくのである。

　また，その他としてまとめられたデータ数は5人分ある。この結果から，グラフの位置付けの順位も考えさせる。その他のデータは，もともとは1人のデータの集合体であることに気付かせることがポイントとなる。

本時案

棒グラフを
読解しよう

本時の目標

・好きな教科の調査結果を棒グラフで表現する活動をもとにして，そこに表現されたデータ相互の関係を読解していくことができる。

授業の流れ

1 好きな教科を調べよう

体育が人気があるね

棒グラフにすると分かりやすくなる

人気が少ない教科が3つあるね

教科を比べて見ているのはすごいね

「好きな教科を調べよう」と投げかける。アンケートの行い方やまとめ方は，子どもたちに任せる。

アンケート結果をまとめた後は，棒グラフにするアイデアや，まとめられたデータ相互の関係を比較する声が生まれたら価値付けていく。

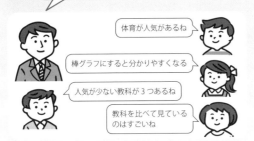

○月□日（△）

すきな教科を調べよう。

アンケートをすればいいね

表にメモしてまとめよう

教科	メモ	人数（人）
国語	正	4
算数	正	5
理科	下	3
社会	正	4
そう合	一	1
体育	正下	8
音楽	丅	2
図工	下	3
道とく	一	1
えい語	一	1

体育が人気があるね

ぼうグラフにするともっとわかりやすい

2 棒グラフにしてみよう

総合，道徳，英語は1人だからその他

縦の目盛りは何人にしたらいいかな

最高は9人。縦10マスだから1目盛りは1人でいいね

体育がダントツで人気があるね

グラフ用紙は配布するが，目盛りの幅を何人にするのか，その他の項目をどれにするのかなどは，子どもたちに考えさせる。

3 体育は本当に人気があるの？

音楽よりもずっと多いね

音楽の3倍くらいの人気かな

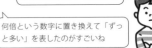

何倍という数字に置き換えて「ずっと多い」を表したのがすごいね

「体育が人気が高い」という子どもたちの感覚的な表現を，数学的に表現させていく。他の教科と比較することで，「ずっと多い」から「音楽よりも3倍くらい多い」などの数学的言葉を引き出していきたい。また，これらの見方を価値付けていく。

10	小数
11	重さ
12	分数
13	□を使った式
14	2桁のかけ算
15	倍の計算
16	二等辺三角形・正三角形・角
17	表とグラフ
18	そろばん
19	3年のまとめ

本時の評価

・好きな教科の調査結果を整理するには，表にデータをまとめることや，棒グラフで表現すると分かりやすくなることに気付き，実際に表や棒グラフにまとめることができたか。

・表や棒グラフの読解を通して，体育の人気度合いを他教科と比較して割合的な見方で○倍の人気があると説明することができたか。

準備物

・グラフ用紙

ぼうグラフにしてみよう。

・1人の教科はその他

・1目もり→たて10目もり
　マスだから1目もり1人

・多いじゅんにならべよう

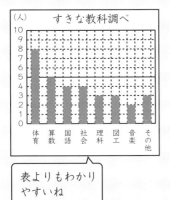

　表よりもわかり
　やすいね

　体育はダントツ

体育は本当に人気があるの？

　ぼうが一番高い

　音楽よりもずっと多い

　音楽の3倍？

○体育の人数は、音楽の
　人数の何倍ですか？

　8÷2＝4　4倍

　4倍はすごいね！

○体育の人数は、国語・社
　会の人数の何倍ですか？

　8÷4＝2　2倍

他のクラスも体育が人気？

○2組のけっか

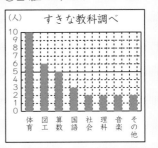

数：1組8人　2組10人

　どちらも人気1位

音楽とくらべると
　　10÷2＝5（倍）

　1組より人気が高い

4　他のクラスも体育が人気？

　2組の体育は10人もいるね

　音楽と比べると5倍も人気
　があるんだね

　「他のクラスも体育が人気なのかな」と投げかけ，2組の棒グラフを提示する。体育が人気第1位であることは，すぐに分かるであろう。そこで，どれくらい人気が高いのかを，人数の視点や音楽と比較した割合の見方で数値化していきたい。グラフの比較を通して，倍概念（割合）の素地を培うことも大切である。

まとめ

　好きな教科調べのまとめ方を，子どもたちに考えさせる。既習をもとに，表にデータを整理することや棒グラフにすると分かりやすくなるという見方を引き出していくことが大切である。

　教科同士の比較を通して，体育は音楽の4倍の人気があるという割合の見方を引き出し，価値付けていく。この見方は，高学年の割合の見方を育てる素地にもつながるからである。

本時案

誕生月を調べよう

・誕生月調べを通して横型の棒グラフがあることを知るとともに，項目に順序性がある場合は多い順にしない方がよいこともあることを理解することができる。

授業の流れ

1 生まれた月を調べよう

> 8月と2月は1人だから，その他でいいね

> 8月に生まれた私はその他は嫌だな

> 8月と2月の人をその他でまとめるのはかわいそうだよ。そのままでいいよ

　8月と2月生まれの人数は各1人。この結果から，「8・2月は1人だからその他でいいね」という声が上がる。そこで「その他でまとめるのはかわいそう」という声を引き出し，1人の月も棒グラフに表示することを納得させていく。

○月□日（△）

生まれた月を調べよう。

> 表にまとめよう

> その後で，ぼうグラフにしよう

たんじょう月調べ

月	人数（人）
4月	3
5月	2
6月	3
7月	4
8月	1
9月	2
10月	5
11月	4
12月	2
1月	3
2月	1
3月	2
合計	32

> 8月2月はその他かな？

> その他に入れたら，8月2月の人がかわいそう

2 棒グラフにしてみよう

　グラフ用紙を配布し，棒グラフに表現させていく。今回は横型の棒グラフ用紙（月は記入済み）を配布する。横軸・縦軸の項目がこれまでとは逆転していることへの気付きを引き出していくことが大切ある。横軸・縦軸が逆転しているものの，作図の仕方自体はこれまでと同じである。

　横型の棒グラフの存在を知らせ，グラフを作図させていく。グラフが完成した後，「多い順にグラフを直さなくていいの？」という気付きを引き出していきたい。

3 人数が多い順にしてみよう

> 多い順にしたらなんか分かりにくい

> なんで分かりにくいのかな？

> 月がバラバラだからだ。順番が決まっているのはそのままがいいね

　多い順のグラフは，どの誕生月の人数が多いのかは見やすくなるものの，かえって（全体像が）分かりにくくなる。月のように順番が決まっているものは，順番通りに表現した方が分かりやすいことに気付かせていくことが大切である。

10 小数

11 重さ

12 分数

13 □を使った式

14 2桁のかけ算

15 倍の計算

16 二等辺三角形・正三角形・角

17 表とグラフ

18 そろばん

19 3年のまとめ

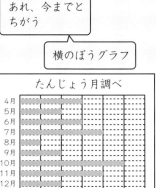

ぼうグラフにしてみよう。

あれ、今までとちがう

横のぼうグラフ

たんじょう月調べ

多いじゅんでなくていいの？

人数の多いじゅんにしてみよっ。

たんじょう月調べ

多いじゅんはわかるけど

わかりにくい

・4月からじゅんにならんでいる方がわかりやすい。
・じゅん番が決まっているから。

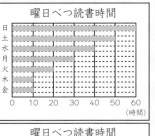

他にもじゅん番通りがいいものはあるかな？

・月、火、水の曜日
　→曜日がバラバラになるとわかりにくい。

曜日べつ読書時間

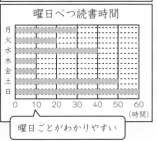

曜日べつ読書時間

曜日ごとがわかりやすい

4 他にも順番通りがいいものはあるかな？

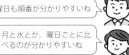

曜日も順番が分かりやすいね

月と水とか，曜日ごとに比べるのが分かりやすいね

　誕生月調べは，月の順が分かりやすいことに気付いた子どもたちに，他にも順番通りの方が分かりやすいものはあるか考えさせる。曜日の考えは生まれやすいであろう。そこで，曜日別読書時間のグラフを曜日順と多い順の2種類提示する。この場合も，曜日ごとの比較のしやすさなどの視点から，曜日の順が分かりやすいことに気付かせていく。

まとめ

　誕生月調べを棒グラフにまとめる活動を通して，横型の棒グラフの存在に気付かせていく。

　横型棒グラフの作成の過程で生まれる，「月順ではなく多い順に表現した方がよい」という声をもとに，月順と多い順のグラフを比較させていく。2つを比較する活動を通して，月順にグラフの項目を並べた方が月相互の比較がしやすいなどの理由を子どもから引き出していくことが大切である。

本時案

目盛りの大きさ を考えよう

6/10

・好きなスポーツ調べをグラフ化した複数の データを比較する活動を通して，データの大 きさによって適切な1目盛りの幅の大きさ があることに気付くことができる。

授業の流れ

1 スポーツ調べをグラフにしよう

棒グラフにすると水泳がすご く高いね

サッカーもかなり高い棒だね

鉄棒や野球は，水泳よりもす ごく低い棒になりそうだね

表に整理した種目別のデータを提示する。こ れらのデータを棒グラフに表した場合，「水泳 の棒が一番高くなる」など，棒グラフにした際 のイメージを引き出していく。

どんな棒グラフになるのかイメージ化してか ら，棒グラフに表現する活動に取り組ませるこ とが大切である。

○月□日（△）

すきなスポーツ調べをグラフにしよう

しゅもく	人数（人）
水泳	45
サッカー	40
ドッジボール	36
かけっこ	14
てつぼう	8
やきゅう	7

水泳が多いね

サッカーも 人気があるね

ぼうグラフにしたら、 水泳のぼうが高いね

---

2 棒グラフにしてみよう

グラフ用紙を配布し，棒グ ラフに表現させていく。配布 するグラフ用紙の縦軸の目盛 りは記入されていない。そこ で，縦軸の目盛りをどう配分するかを子どもた ちに考えさせる。子どもたちは，縦50行ある ことが気になってくるであろう。50行をどの ように配分するのかを考えさせた上で，棒グラ フを作図させていく。おそらくほとんどの子ど もは，1行1人，50行50人と考えて棒グラフ を作成するであろう。作成後は，目盛り幅を何 人にしたのかを確認することが大切である。

3 別のグラフの気持ちは分かる?

場所が狭いときには便利だね

分かりやすいのは，1目盛り 1人の方だね

縦軸を100人に設定した棒グラフを提示す る。子どもたちは，棒の高さが短くなっている ことにすぐに気が付く。それと同時に，なぜ棒 が短くなっているのか知りたくなる。この気持 ちを引き出し，価値付けることが大切である。

1目盛りの人数が違うことが，棒の高さが 異なる原因であることに気付かせる。その上 で，このグラフの長所短所を引き出していく。

10 小数	
11 重さ	
12 分数	
13 □を使った式	
14 2桁のかけ算	
15 倍の計算	
16 二等辺三角形・正三角形・角	
17 表とグラフ	
18 そろばん	
19 3年のまとめ	

本時の評価

・好きなスポーツ調べをグラフ化した複数のデータを比較する活動を通して，棒の高さの違いの原因が縦軸の目盛り幅にあることに気付くことができたか。
・データの大きさによって適切な1目盛りの幅の大きさがあることに気付くことができるとともに，適切な目盛り幅を選択することができたか。

準備物

・模造紙
・グラフ用紙

ぼうグラフにしてみよう。

あれ、たての目もりがないね

たては50行あるね

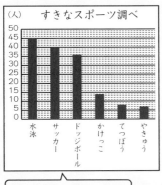

1行1人にしたんだね

ぼうの高さでわかりやすい

べつのぼうグラフの気持ちはわかるかな？

なんで？

ぼうが短い

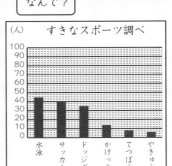

たての目もりがちがう。
・1目もり2人
・場所がせまいときはべんり。

1目もり1人がわかりやすい

このグラフはどうかな？

ぼうが短かすぎる

わかりにくい

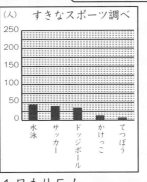

・1目もり5人

サッカーとドッジが同じ？

・正しいはばにしないとわかりにくくなる。

---

4 このグラフはどうかな？

1目盛り5人は分かりにくい

正しい幅にしないと分かりにくいグラフになるね

　縦軸を250人に設定した棒グラフを提示する。グラフを見た子どもからは，「グラフが短過ぎる」と声が上がる。それと同時に，1目盛りの人数が異なることがその原因であることに気付くであろう。サッカーとドッジが同じ高さに見えるなどの気付きから，目盛り幅を適切に設定しないとグラフ化したメリットがないことに気付かせていきたい。

まとめ

　好きなスポーツ調べの結果を，棒グラフにまとめる活動に取り組む。縦軸が50行のグラフ用紙を配布し，1目盛りの人数を子どもたちに考えさせる。1行1人に設定したグラフと，1行2人，1行5人に設定したグラフを比較させていく。棒の高さの違いが，目盛り幅の違いであることに気付かせていくことが大切である。

　その上で，目盛り幅を適切に設定しないと，違いが分かりにくいグラフになる場合があることを実感させていく。

積み上げグラフ
を読解しよう

授業の流れ

1 好きな給食調べをグラフにしよう

1組はからあげの人気が高いね

2組はカレーライスの人気が高いね

でも、2クラス分をどうやって棒グラフにしたらいいのかな

　表に整理したクラス別のデータを提示する。表を見た子どもからは、「1組は鶏のからあげの人気がある」など、グラフを読解した声が上がる。これらの見方を価値付ける。一方、2クラス分のデータがあるため、どのように棒グラフにしたらよいのか戸惑う声も上がる。

○月□日（△）

1組と2組すきなきゅう食調べをグラフにしよう。

	1組	2組
とりのからあげ	11	7
ハンバーグ	8	6
カレーライス	7	12
ラーメン	3	4
クリームシチュー	3	3
合計	32	32

1組はからあげが人気だね

2組はカレーが人気だね

2クラス分をどうやってぼうグラフにするのかな？

2 棒グラフにしてみよう

　「好きな給食調べ」の結果を、子どもたちに棒グラフに表現させてみる。多くの子どもたちは、1組、2組を別のグラフに表現するであろう。一方、1つのグラフ用紙に1組・2組のデータを横並びでまとめて表現する子どももいるであろう。このグラフを提示し、前述のグラフと比較させる。

　同じ項目のデータが横並びで表現されているために、クラス同士の比較がしやすいなどの長所を指摘する声を引き出し、価値付けていくことが大切である。

3 こんなグラフの気持ちは分かる？

1組・2組が合体してるね

1本の棒になっているから、3年全体の大きさが分かりやすい

たし算しなくてもいいね

　1組と2組の積み上げグラフを提示する。初めて目にする子どももいるため、グラフの読解を行う。2クラスのデータが、1本の棒に積み上がっていることを読み取らせていく。この活動を通して、積み上げ型は、集団全体のデータの大きさが棒の高さで分かるよさがあることに気付かせていくことが大切である。

10
小数

11
重さ

12
分数

13
□を使った式

14
2桁のかけ算

15
倍の計算

16
二等辺三角形・正三角形・角

17
表とグラフ

18
そろばん

19
3年のまとめ

ぼうグラフにしてみよう。

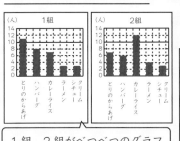

1組、2組がべつべつのグラフ

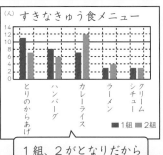

すきなきゅう食メニュー

1組、2がとなりだから
くらべやすい

こんなグラフの気持ちは
わかるかな？

これは何？

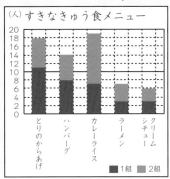

・1組と2組が合体。
・3年生全体の大きさがわか
　りやすい。
・たし算しなくてもいい。
・グラフ用紙の横がせつやく。
わかりやすいね

4年生を合体グラフにして
みよう。

すきなきゅう食調べ（4年生）

	1組	2組
とりのからあげ	9	6
ハンバーグ	10	10
カレーライス	8	7
ラーメン	4	5
クリームシチュー	1	4
合計	32	32

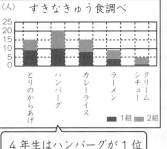

すきなきゅう食調べ

4年生はハンバーグが1位

4 4年生をグラフにしてみよう

4年生はハンバーグが1位だ

3年と4年を比べる
には合体グラフが分
かりやすい

　積み上げグラフのよさに気付いた子どもたち
に，4年生の好きな給食調べのデータを合体
（積み上げ型）グラフにしようと投げかける。
一人ひとりに積み上げ型の作図を体験させるの
である。

　データが積み上がることで，学年ごとの項目
同士の比較が簡単になる。グラフを比較してい
く視点を引き出し，価値付けていきたい。

まとめ

　2クラスの好きな給食調べの結果を，棒
グラフにまとめる活動に取り組む。1組，
2組のデータを別々のグラフにしたり，2
クラスの同じ項目のデータを隣同士で表現
したりするのが自然な子どもの思考である。
　そこで，積み上げグラフを提示する。前
述のグラフと比較することで，後者のグラ
フのよさが見えてくる。特に，積み上げ型
は学年全体の量が見やすくなるよさがある
ことの気付きを引き出し，価値付けていく
ことが大切である。

本時案

本の貸出種類を
調べよう

授業の流れ

1 9〜11月の本の貸出冊数を調べました

月ごとの種類がバラバラだから分かりにくいね

表を整理すれば分かりやすくなるよ

　貸出人気3位を尋ねる。各月のデータを意図的に多い順に並べているために、3位が何かが分かりにくい。この思いを実感させることが大切である。すぐには分からないからこそ、もっと分かりやすく整理したいと考える。分からなさの原因が、各月の項目が多い順になっていることへの気付きを引き出していきたい。

○月□日（△）

9〜11月の本のかし出しさっ数を調べました。

9月		10月		11月	
しゅるい	数(さつ)	しゅるい	数(さつ)	しゅるい	数(さつ)
物語	15	ずかん	24	でんき	19
でんき	6	物語	21	物語	16
ずかん	8	でんき	19	ずかん	14
その他	5	その他	8	その他	9

9月は物語が多いね

11月はでんきが多い

○かし出し人気3位は何かな？

わかりにくい

しゅるいのじゅん番がバラバラだからだ

2 分かりやすく表を直そう

　月ごとのデータは、既習をもとに多い順に並べている。しかし、複数月を比較する際には面倒になる。この気付きをもとに、表を分かりやすく直そうと投げかける。子どもたちは、各月の項目を9月と同じ順に並べ替えようと考えるであろう。
　実際に並べ替えることで、月同士の比較は分かりやすくなる。一方、そのままでは3位の種類はすぐには分からない。この気付きを引き出すことで、合計数の必要性へと視点を転換していくことが大切である。

3 3位を分かりやすくするにはどうしたらいいかな？

合計があると、何位か分かりやすいね

毎月の種類の名前はいるのかな？

　3位を分かりやすくするためには、合計欄を設定するアイデアが生まれてくる。そこで、合計欄を設定した表をつくらせてみる。合計があることで、3位だけでなく他の順位も分かりやすくなる。さらに、種類の項目が各月にあることから、項目を毎月書く必要があるのかにも気付かせていきたい。

10 小数

11 重さ

12 分数

13 □を使った式

14 2桁のかけ算

15 倍の計算

16 二等辺三角形・正三角形・角

17 表とグラフ

18 そろばん

19 3年のまとめ

わかりやすく直そう。

しゅるい	数(さつ)
物語	15
でんき	6
ずかん	8
その他	5

9月

しゅるい	数(さつ)
物語	21
でんき	19
ずかん	24
その他	8

10月

しゅるい	数(さつ)
物語	16
でんき	19
ずかん	14
その他	9

11月

全部同じじゅん番になったね

計算しないと3位がわからない

→計算の合計をメモするとわかりやすい。

3位をわかりやすくするにはどうしたらいかな？

合計をつくる

しゅるい	数(さつ)	しゅるい	数(さつ)	しゅるい	数(さつ)	合計
物語	15	物語	21	物語	16	52
でんき	6	でんき	19	でんき	19	44
ずかん	8	ずかん	24	ずかん	14	46
その他	5	その他	8	その他	9	22
合計	34	合計	72	合計	58	164

9月　10月　11月

3位は44人のでんきだね

わかりやすくなった

→しゅるいは毎月はひつよう？

しゅるいの名前を1つだけにしてみよう。

(さつ)

月 / しゅるい	9月	10月	11月	合計
物語	15	21	16	52
でんき	6	19	19	44
ずかん	8	24	14	46
そのた	5	8	9	22
合計	34	72	58	164

すっきりしたね

月ごとの合計がわかりやすいね

全体の合計もわかりやすいね

---

4 種類の名前を1つだけにしてみよう

種類が1つになると見やすいね

種類の合計や全体の合計も見やすくなったね

本の種類名が毎月必要なのかという子どもの疑問をもとに，種類名を1カ所にした表をつくらせる。完成した後は，毎月種類名が入っている表と比較する見方を引き出していくことが大切である。本の種類項目を1つにすることで種類ごとの合計や総合計が見やすくなることを，前者の表と対比することでよりよく実感させていきたい。

まとめ

　各月のデータが多い順に並んだ表のままでは，どの種類の本が人気で何位かが分かりにくい実感をもとに，もっと分かりやすい表をつくりたいという気持ちを引き出していくことが大切である。二次元表を使わせるのではなく，子どもが使いたくなる展開を行うのである。

　項目順を統一した表を単に合体するよりも，項目を1カ所にまとめた方が分かりやすくなることを，この両者を比較することで引き出していきたい。

本時案

二次元表を
読解しよう

・不完全な二次元表を読解する活動を通して、表に隠されたデータの求め方を考えたり、表から見えるデータの傾向などに気付いたりすることができる。

○月□日（△）

1〜4組の本のかし出しを調べた表です。

本をかりた人数（人）

男女＼組	1組	2組	3組	4組
男	16	13	12	12
女	12	17	10	17

クラスで男女の
ちがいが大きいね

なんかへん？

○本をかりた女子は何人？
→計算しないとだめだ。

計算しないと
わからない

合計がないから
わかりにくいんだね

授業の流れ

1 1〜4組の本の貸出冊数を調べた表です

本を借りた女子は何人ですか？

4クラス分をたし算しないと分からない

表に合計がないから分かりにくいんだ

　意図的に合計欄を入れていない表を提示する。

　「本を借りた女子は何人？」と発問することで、女子の人数を計算する手間が大変なことへの気付きから、合計欄の不備を指摘できるように展開を進めていきたい。

2 分かりやすく表を直そう

　　　　合計欄がないことへの気付きをもとに、「表を分かりやすく直そう」と投げかける。子どもたちは、縦・横に合計欄を追加するであろう。

　完成した表を見れば、本を借りた女子の人数はすぐに分かる。さらに、「一番本を借りた組は何組か」「学年全体の貸出冊数は何冊か」を尋ねる。単に答えを求めるのではなく、表のどの部分を見ればそれが分かるのかをクラス全体で共有し、二次元表のよさを実感することが大切である。

3 空いている場所はいくつかな？

①③は2つつながってるから分からない

つながっていない②⑥は分かるよ

　9月〜11月のけが調べの二次元表を提示する。空欄を見た子どもたちは、すぐに分かる場所と分からない場所があることに気付く。縦に空欄が2カ所つながっているから分からないと、分からなさの原因に気付くであろう。このような見方を引き出すことが大切である。

　すぐに分かる場所がどこかを考えさせ、まずはその数値を求めさせていく。

10 小数
11 重さ
12 分数
13 □を使った式
14 2桁のかけ算
15 倍の計算
16 二等辺三角形・正三角形・角
17 表とグラフ
18 そろばん
19 3年のまとめ

本時の評価

・合計欄のない二次元表を読解する活動を通して，合計欄があると簡単にそれらの数が分かることに気付くことができたか。
・空欄のある二次元表を読解する活動を通して，空欄を求める計算方法に気付くとともに，順次，空欄の数値を求めていくことで全ての空欄の数値が分かることに気付くことができたか。

準備物

・模造紙

わかりやすく直そう。

本をかりた人数（人）

組 / 男女	1組	2組	3組	4組	合計
男	16	13	12	12	53
女	12	17	10	17	56
合計	28	30	22	29	109

合計を見れば女子は
56人とすぐわかる

○1番本をかりた組は？
　→2組の30さつ
○学年全体で何さつかりた？
　→109さつ

あいている場所はいくつ？

けが調べ（人）

	9月	10月	11月	合計
すりきず	①	17	10	②
切りきず	③	21	15	47
打ぼく	10	13	④	35
その他	6	⑤	5	19
合計	40	⑥	42	141

いっぱい
あいている

9月は2つ
もあいてる

わかるところをまず考えよう

・②⑥はかんたん
②→141−（47+35+19）
　　　　　　　　=40
⑥→141−（40+42）
　　　　　　=59

他の場所もじゅん番にわかる

○次はどこがわかるかな？

④⑤もわかるね

④→35−（10+13）=12
⑤→19−（6+5）=8
　　59−（17+21+13）=8

⑥がわかったから⑤がわかるね

③→47−（21+15）=11

③が分かれば①もわかる

②が40だからわかるよ

①→40−（17+10）=13
　　40−（11+10+6）=13

たてでも横でもわかるね

---

4 次はどこが分かるかな？

⑥が分かれば⑤も分かるね

だったら①③もどちらかの
数が分かればできそうだね

　すぐに分かる空欄を求めた子どもたちに，次はどこが分かるかを尋ねる。④⑤は上下左右のデータが分かるので，求めやすいことに気付く。また，⑥の数値が分かることで⑤の数値が求められる。この気付きをもとに，難しいと考えていた9月の2つの空欄も1カ所が分かれば全て分かりそうだという見方・考え方を引き出すことが大切である。

まとめ

　不完全な二次元表を意図的に提示する。子どもから表の不完全さへの気付きを引き出していくことが大切である。合計欄がない表は，女子の合計数や男女の合計数が分かりにくいことに気付かせる。
　空欄のある二次元表については，どの場所がどんな計算手順で分かるのかをクラス全体で時間をかけて明らかにしていくことが大切である。さらに，空欄がつながっていて分からないと考えていた場所も，順序よく考えることで数値が分かる面白さにも気付かせていきたい。

本時案

３つの積み上げグラフを読解しよう

本時の目標

・２つの横型の積み上げグラフを読解する活動を通して，必要なデータを読み取ったり，目盛りの幅を意識したりする必要があることに気付くことができる。

授業の流れ

1 3年生が先週食べたおやつを調べました

> 3組のポテトチップ人気は１位ですか？

> 微妙だ。本当にポテトチップが１位かな

> 表に整理すればはっきりするね

　３組はポテトチップとチョコレートを食べた人数が近い。そこで，「３組もポテトチップの人気が本当に１位ですか」と投げかける。グラフを見ただけでは分かりにくいことに気付かせ，表にデータを整理したいという気持ちを引き出していきたい。

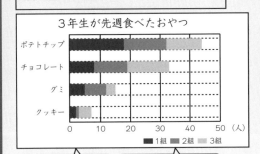

> ○月□日（△）

> 3年生が先週食べたおやつを調べました。

３年生が先週食べたおやつ

（ポテトチップ／チョコレート／グミ／クッキー）
0　10　20　30　40　50（人）
■1組 ■2組 ■3組

> ポテトチップの人気が１位だね

> クッキーを食べた人は少ないね

○３組もポテトチップの人気が本当に１位ですか？

> びみょう！

> このままだと細かいところがよくわからない

2 表にすると分かりやすくなるかな

　３クラス分の積み上げ棒グラフでは細かい部分のデータの読解が容易ではない。そこで，二次元表にデータを整理していく。整理することで，ポテトチップの人気が３クラスとも１位だと思っていたのに，実際は３組は人気が２位であることやその実数が見えてくる。

　細かい数字を容易に知ることができるのは表，全体像を容易に把握するにはグラフのように，それぞれの長所に気付かせることも大切である。

3 4年生のおやつ調べの結果です

> グラフがなんか変じゃないかな

> 3年と4年のグラフの目盛りが違うよ

　４年生の積み上げグラフを見た子どもたちは，ポテトチップが人気２位であることやチョコレートの人気が１位であることに気付く。さらに，チョコレートの人気は１位であるものの３年生よりはかなり少ないと考える。一方，これらの読み取り結果に違和感を抱く子どももいる。その原因が横軸の目盛りにあることに気付かせていくことが大切である。

| 10 小数 |
| 11 重さ |
| 12 分数 |
| 13 □を使った式 |
| 14 2桁のかけ算 |
| 15 倍の計算 |
| 16 二等辺三角形・正三角形・角 |
| 17 表とグラフ |
| 18 そろばん |
| 19 3年のまとめ |

本時の評価

・2つの横型の積み上げグラフを読解する活動を通して，必要なデータを読み取ったり，表面的な棒の大きさだけで判断するのではなく，目盛りの幅を意識したりすることができたか。

・棒グラフと表のそれぞれのよさに気付くことができたか。

準備物

・模造紙

表にするとわかりやすくなるかな？

3年生が先週食べたおやつ (人)

しゅるい	1組	2組	3組	合計
ポテトチップ	18	14	12	44
チョコレート	8	11	14	33
グミ	5	7	3	15
クッキー	2	1	4	7
合計	33	33	33	99

3組の1位はチョコレートだ

数字があるとはっきりする

○人気2位は？

1組：チョコレート8人
2組：チョコレート11人
3組：ポテトチップ12人

4年生のおやつ調べの結果

4年生が先週食べたおやつ

（横型積み上げグラフ：ポテトチップ, チョコレート, グミ, クッキー。横軸 0〜70人）
1組 ■ 2組 ■ 3組 ■

ポテトチップ人気は少ない

チョコは1位だけど3年より少ない

なんかへんだな？

○何がへんなのかな？

・グラフの目もりがちがう。
・横が3年50人，4年70人。

表に整理して3年生とくらべよう。

4年生が先週食べたおやつ (人)

しゅるい	1組	2組	3組	合計
ポテトチップ	7	13	14	34
チョコレート	17	9	10	36
グミ	5	8	5	18
クッキー	4	3	4	11
合計	33	33	33	99

チョコレートは3年より多いね

グミも3年より多いね

○グラフでくらべるなら？

→目もりのはばをそろえる。
→はばがちがうとくらべにくい。

---

4 表に整理して3年生と比べよう

横の目盛り幅を揃えないと正しく比べられないね

幅が違うと比べにくくて大変だね

4年生のデータを二次元表に整理していく。積み上げグラフでは3年生よりも少なく見えていたチョコレートは36人で，33人の3年生よりも多いことが明確になる。表に整理するよさを実感させることが大切である。

また，積み上げグラフでデータを読み違えないためには，横軸の目盛り幅をそろえることに気付かせていくことも大切である。

まとめ

3クラスのデータをまとめた積み上げグラフを提示する。全体での1位や2位を読解することは容易にできる。

一方，クラスごとのデータの細かい読解はすぐにはできない。この気付きから表のよさを実感させていく展開にしていきたい。

また，横軸の目盛り幅が異なる2つの積み上げ型グラフを比較することで，公平に比べるためのポイントに子ども自らが気付くことが大切である。

18 そろばん 2時間扱い

単元の目標

・そろばんによる，数の表し方について知り，そろばんを用いて簡単な加法と減法の計算ができる。
・そろばんの仕組みに着目し，大きな数や小数の計算の仕方を考えることができる。

評価規準

知識・技能	○そろばんによる数の表し方について理解することができる。 ○そろばんを用いて，簡単な加法及び減法の計算について知り，計算することができる。
思考・判断・表現	○そろばんの仕組みに着目し，大きな数や小数の計算の仕方を考えることができる。
主体的に学習に 取り組む態度	○そろばんに興味をもち，十進数の仕組みと関連付けながら，進んで加法及び減法の計算に取り組むことができる。

指導計画 全2時間

次	時	主な学習活動
第1次 そろばん	1	そろばんの各部分の名称を知り，そろばんにおかれた数の読み方，基本運珠について理解する。
	2	そろばんを用いて，簡単な加法及び減法の計算について知り，計算をする。また，そろばんの仕組みに着目し，大きな数や小数の計算の仕方を考える。

単元の基礎・基本と見方・考え方

⑴そろばんの学習の関連と発展

　第3学年では，そろばんによる整数や小数の表し方について知り，基本的な珠の操作による計算の仕方について理解することとなっている。また，そろばんの仕組みに着目し，大きな数（万の単位の数）や小数（$\frac{1}{10}$の位までの数）の計算の仕方を考えることとなっている。第4学年では，第3学年の理解の上に，大きな数では億や兆の単位までの数を表すこと，小数については$\frac{1}{100}$の位までの数の表し方や計算の仕方を理解することとなっている。

⑵そろばんによる数の表し方

　そろばんは，古くから用いられてきたものであり，日常の言葉の使い方とは異なる言い方がある。例えば，「おく」「なり」「ご破算」等の言葉である。不用意に特殊な言葉を多用すると，混乱を生じることが考えられる。そのため，本単元での基本運珠での言葉は，「おく」「はらう」に限って使うとよい。また，数の表し方を指導する際は，そろばんの「定位点」「五珠（5だま）」「一珠（1だま）」「けた」等の言葉やその意味を押さえながら学習を進めるとよい。運珠法（指の使い方）については，二指法（一珠をおくときだけ親指を，それ以外のときは人さし指を使う）を指導する。

　この学習場面では，珠のおく位置や数によって数を捉える活動を通して，そろばんにおかれた数の読み方を理解するだけでなく，数の構成的な見方の理解を広げたり，深めたりすることができる。また，そろばんによる数の表現の仕方は，十進位取り記数法と大変似ており，その理解を深めることにもつながるものである。

⑶そろばんによる計算の仕方

　この場面では，簡単な加法及び減法の計算をすることを通して，大きな数や小数の計算の仕方を考えることが学習内容となっている。

　繰り上がりのある加法や繰り下がりのある減法について考える際は，暗算や筆算と同じように加法や減法が適用されることは理解できても，そろばんを用いてどのように計算すればよいか戸惑う子がいる。ここでは，単にそろばんの計算の仕方を教えるだけでなく，位ごとの数（珠のおく位置や数）と十進位取り記数法を関連付けて考えさせる。その際，珠のおく位置や数を位の数としてみる見方やその珠の数を加法や減法に適用する考え方を引き出すことが大切である。

10 小数

11 重さ

12 分数

13 □を使った式

14 2桁のかけ算

15 倍の計算

16 二等辺三角形・正三角形・角・

17 表とグラフ

18 そろばん

19 3年のまとめ

本時案

そろばんの
読み方を知ろう！

授業の流れ

1 そろばんの数の表し方を知ろう

> たまみたいなもの
> が，1個と4個に上
> 下で分かれているよ

> 数字は書いていないね。
> でも，点はかかれているよ

　大そろばんを用意し，黒板に掲示する。桁ご
とに上に1個，下に4個珠があることに気付
かせる。また，数字が書かれていないのに数が
表されていることから，珠の数やおかれた位置
によって，数が表されることに気付かせる。

　その後，そろばんの各部分の名称やそろばん
の数の表し方，各位について押さえる。

○月□日（△）

| そろばんで表された数を読みましょう。 |

> たまみたいなものが，1こと
> 4こに上下で分かれているよ

> 数字は書いていないね。
> でも、点はかかれているよ

〈そろばんの数の表し方〉

・定位点の1つを一の位にする。

・一の位から左へじゅんに、十の
　位、百の位、…となっている。

・一の位の右が、小数第一位であ
　る。

・五だまは、1つで5を表す。

・一だまは、1つで1を表す。

---

2 そろばんで表された数を読もう

> 一の位は，5と4で9
> だね

> 小数第一位は，0.1が4
> 個で0.4だ

　珠のおく位置や数によって数を捉える活動を
通して，そろばんにおかれた数の読み方を理解
するだけでなく，数の構成的な見方を引き出す
ことが大切である。

---

3 次の数を読みましょう

> 百の位は8。だから，
> 800だね

> 一の位は8，小数第一
> 位は7だから，8.7だね

　数の構成的な見方を働かせて，そろばんにお
かれた数の読み方の理解を深める。

　このとき，空位の0や小数点以下の数につ
いても数の構成的な見方を働かせてどのように
表されているかを考えさせる。

| 10 小数 |
| 11 重さ |
| 12 分数 |
| 13 □を使った式 |
| 14 2桁のかけ算 |
| 15 倍の計算 |
| 16 二等辺三角形・正三角形・角 |
| 17 表とグラフ |
| **18 そろばん** |
| 19 3年のまとめ |

・そろばんの各部分の名称を知り，進んでそろばんにおかれた
　数の読み方，基本運珠について理解することができたか。

・大そろばん
・そろばんの絵（問題用）

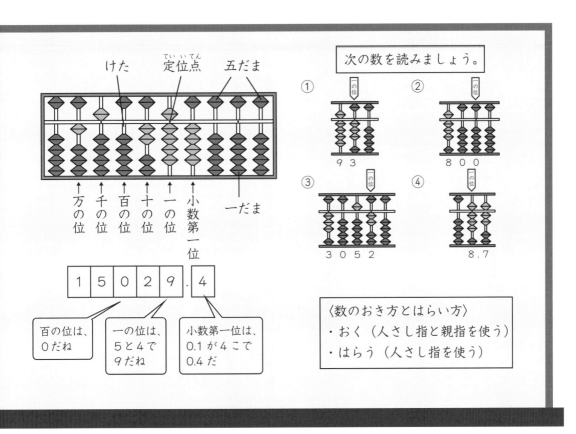

4 数のおき方とはらい方を知ろう

数をおくときは，人さし指と親指を使います

数をはらうときは，人さし指を使います

　実際に手元にあるそろばんを使って，珠のおき方とはらい方を練習する。

　運珠法（指の使い方）については，二指法（一珠をおくときだけ親指を，それ以外のときは人さし指を使う）を押さえる。

まとめ

　そろばんで表された数を読む際は，各位におかれた珠の数を十進位取り記数法と関連付けて考えさせることが大切である。

　その際は，「一の位は，5と4で9だね」といったように，数の構成的な見方を働かせて，数を読ませる。そうすることにより，数の読み方の理解を深めることができる。

本時案

そろばんで たし算とひき算 の計算をしよう

授業の流れ

1 そろばんを使って，6＋3と8－2 の計算しよう

6をおいてから3足 すんだね。簡単！

ひき算も同じように すれば，簡単だよ

　そろばんを使って，繰り上がりのない加法と 繰り下がりのない減法の計算を行う。この計算 の操作によって，「おく」「はらう」などの基本 的な運珠法（指の使い方）について，しっかり と押さえることが大切である。

・そろばんを用いて，簡単な加法及び減法の計 算について知り，計算をする。
・そろばんの仕組みに着目し，大きな数や小数 の計算の仕方を考える。

○月□日（△）

そろばんを使って計算しましょう。

① 6＋3
・6をおく。
・3をたす。

かんたんだね！

② 8－2
・8をおく。
・2をひく。

どうすればいいの？

③ 3＋4
・3をおく。
・5をたして，
よぶんな1をひく。

2 3＋4と8－4の 計算をしよう

3に1しか足せない よ。どうすればいい の？

5を足してから，後で 余分な1を引けばいい んじゃない？

　五珠の合成をする加法においては，「4を足 すときは，5を足して，余分な1を引く」と いう考え方を引き出す。また，五珠の分解をす る減法においてはその逆で，「5を引いて，余 分な1を足す」考え方を引き出す。

3 4＋9と12－8の 計算をしよう

　繰り上がりのある加法にお いては，被加数分解をして計 算する方法と，加数分解をし て計算する方法がある。加数 が9であれば，被加数分解をする方が，運珠 は容易である。
　また，繰り下がりのある減法においては，筆 算の計算の手順と同様に被減数から10を引 き，その後8の補数である2を加えるという 手順を行う。筆算と同様だと考えると理解しや すい。

本時の評価

- そろばんを用いて，簡単な加法及び減法の計算について知り，計算をすることができたか。
- そろばんの仕組みに着目し，簡単な加法及び減法の考え方を適用し，大きな数や小数の計算の仕方を考えることができたか。

準備物

- 大そろばん
- そろばん

わく　はり　けた　　定位点（ていいてん）　五だま

④　8－4
- 8をおく。
- 5をひいて，ひきすぎた1をたす。

五だまをはらって，一だまをおく

⑤　4＋9
- 4をおく。
- 1をひいて，10をたす。

⑥　12－8
- 12をおく。
- 10をひいて，ひきすぎた2をたす。

筆算の計算と同じだね

⑦　3万＋5万
- 3万をおく。
- 5万をたす。

万の位で3と5をたす

⑧　1.3－0.4
- 1.3をおく。
- 1をひいて，ひきすぎた0.6をたす。

位に気をつければ，同じように計算できるよ

4 大きな数や小数の計算をしよう

　3万＋5万の計算を行う際，3＋5の計算の仕方と比べさせる。すると，定位点からの位置が違うだけで，位置をずらせば一位数同士の計算と全く同じであることに気付く。これは，小数の計算においても同様である。

　また，位ごとの数（珠のおく位置や数）と十進位取り記数法を関連付けて考えさせると，一層理解が深まっていく。運珠操作にとどまらず，数の見方・考え方も同時に育みたい。

まとめ

　繰り上がりのある加法や繰り下がりのある減法について考える際は，位ごとの数（珠のおく位置や数）と十進位取り記数法を関連付けて考えさせることが大切である。

　また，大きい数や小数の計算においては，簡単な加法や減法の計算と同様に，珠の数を位の数としてみる見方やその珠の数を加法や減法に適用する考え方を使って考えさせることが大切である。

19 3年のまとめ　〔4時間扱い〕

単元の目標

・第3学年で学習した内容に進んで取り組み，第3学年で学習した内容に関する見方・考え方を確かめたり，理解を深めたりすることができる。

評価規準

知識・技能	○第3学年で学習した計算が適切にできる。 ○第3学年で学習した用語や定義，性質を的確に理解している。
思考・判断・表現	○第3学年の学習に関する見方や考え方を確かめたり，その関係を考えたり，活用したりしている。
主体的に学習に 取り組む態度	○第3学年で学習したことに進んで取り組んだり振り返ったりして，学習のまとめをしようとしている。

指導計画　全4時間

次	時	主な学習活動
第1次 「数と計算」領域の学習のまとめ	1	問題プリントを作成し，そのプリントを解き合うことで，第3学年で学習した計算の技能面の定着度を高めることができる。
第2次 「測定」領域の学習のまとめ	2	2つの箱の重さ，3つの箱の重さ，4つの箱の重さから箱1個ずつの重さを求めることができる。
第3次 「データの活用」領域の学習のまとめ	3	分かったことをもとに未完成の表の不足部分を埋め完成させたり，表と表を比較して，どちらの組がたくさん本を読んでいるかを考えることができる。
第4次 間の数の問題	4	1列に並んだ数と間の数の関係を考えて問題を解決することができる。

10	小数
11	重さ
12	分数
13	□を使った式
14	2桁のかけ算
15	倍の計算
16	二等辺三角形・正三角形・角
17	表とグラフ
18	そろばん
19	3年のまとめ

単元の基礎・基本と見方・考え方

⑴「数と計算」領域

「数と計算」領域のまとめとして，問題プリントを子ども自身がつくり，解き合うという活動を行う。活動の中で，第3学年で学習した「3・4位数同士の加法・減法」「2・3位数×1・2位数の乗法」「除数と商が1位数の除法」「除数が1位数で商が2位数になる簡単な整数の除法」「簡単な小数や分数の加法および減法」を扱う。

自分自身でプリントを作成したり，友達のプリントに取り組んだり，丸つけをして解説したりすることで，意欲的に取り組み，技能面の定着度を高めるようにする。

⑵「測定」領域

「測定」領域のまとめとして，2つの箱の重さ，3つの箱の重さ，4つの箱の重さから箱1個ずつの重さを求めるという活動を行う。第3学年の学習で，天秤やはかりを使って視覚的に比較する活動に取り組んでいる。本時は，発展的な内容にあたる。実際に測定こそしないものの，具体的な測定した数値から論理的に考えていくことで，理解を深めるようにする。

⑶「データの活用」領域

「データの活用」領域のまとめとして，データから分かったことをもとに未完成の表の不足部分を埋め完成させたり，グラフ同士を比較させたりする活動を行う。

通常は「表からグラフをかき，分かったことを明らかにする」という流れであるが，「分かったこと→グラフをかく」という流れで行うことで，これまでに学んできたことを活用する場面を設ける。

OECDによるPISA調査で用いられた「盗難事件」の調査問題では，日本の生徒の平均正答率は29.1％で，OECD加盟国平均の29.5％よりも低いという結果が出た。そのため，データを注意深く読み取って，その妥当性について批判的に考察することが課題の一つとして挙げられている。そこで，横軸の数値の設定が異なる表を比較して，どちらの組がたくさん本を読んでいるかを考えることで考察するという経験を積ませる。

⑷間の数

第3学年の学習を通して，図や言葉，式などを用いて考えたことを表現し伝え合う学習のまとめとして，古典算の1つである植木算を扱う。植木算では，問題文に示された1列に並んだ数から，間の数を見いだす必要がある。問題文に提示された数と示されていない数の関係に着目しながら場面を図や式に表現し伝え合うことを通して，思考力，判断力，表現力を育成していきたい。

本時案

プリントを
つくって解き
合おう

授業の流れ

・問題プリントを作成し，そのプリントを解き
　合うことで，第3学年で学習した計算の技
　能面の定着度を高めることができる。

1 問題プリントをつくろう

○月□日 (△)

名前 ＿＿＿＿＿＿

こんな人にオススメ
2けた×1けたが苦手な人

① 12×6＝

② 11×8＝

③ 13×7＝

④ 16×5＝

⑤ 18×2＝

すいせん者 ＿＿＿＿＿＿

　「オススメポイント」には，「わり算を練習し
た人」「かけ算を復習したい人」など，このプ
リントが誰向きなのかを書く。

　3年生で学習した四則計算の問題プリントを
つくる。なかなか問題をつくることができない
子には，教科書を参考にしてつくるように促す。

　プリントが完成したら，近くのお友達に解い
てもらい，推薦者のところに名前を書いてもらう。

2 問題を解こう！

　友達のプリントの問題を解き，答えをそのプ
リントに書き込む。このとき，教師は問題が解
けなくて悩んでいる子のサポートをする。また
子どもたち同士で教え合うことも認める。

3 問題を答え合わせしてもらおう

この筆算のところが
間違えているよ

フム
フム

　問題の作成者が丸つけをする。間違いがあっ
たときには，作成者が解説をする。

　教師が歩き回り，アドバイスをしたり，作成
者の代わりに解説したりする。

10 小数

11 重さ

12 分数

13 □を使った式

14 2桁のかけ算

15 倍の計算

16 二等辺三角形・正三角形・角

17 表とグラフ

18 そろばん

19 3年のまとめ

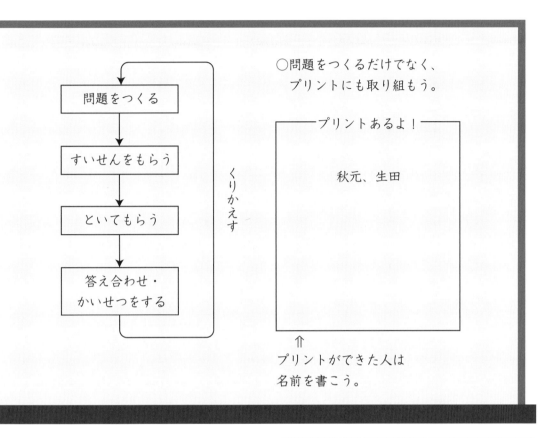

○問題をつくるだけでなく、
　プリントにも取り組もう。

┌─ プリントあるよ！ ─┐

　　秋元、生田

⇑
プリントができた人は
名前を書こう。

（図内）
問題をつくる → すいせんをもらう → といてもらう → 答え合わせ・かいせつをする　くりかえす

4 振り返ろう！

かけ算の筆算が苦手だから，復習しておこう

自分が得意なところ，苦手なところを書き，自分自身の1年間の「数と計算」領域の学習について振り返る。

まとめ

　1枚のプリントの問題数は最大5問にしておく。そうすることで，プリントを作成する時間を短縮することができる。そして，どの子でも取り組むことができる。

　時間の許す限り，1→2→3を繰り返し，多くのプリントに取り組ませる。子どもによって，プリントづくりをしている子，問題を解いている子，答え合わせをしている子がいることになる。

　プリントづくりで終わらぬように，自分のプリントができていなくても，友達のプリントに取り組ませたりする。

本時案

どの箱が一番重たいかな？

 2/4

授業の流れ

1 どの箱が一番重たいのかな？

1個だけはだめなんだ…

1個がダメなら2，3，4個はいいのかな

「A,B,C,D の4つの箱があります。どの箱が一番重たいでしょうか」

という問題を提示し，何を使って測定するのかを聞く。

そして，「箱1つだけでは測ることができない」というルールを追加する。

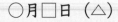

○月□日（△）

どの箱が一番重たいかな？

A B C D

1こだけではかることはできません

2こ、3こ、4こならOK

2 何を測ってほしい？

AとBとCとDを知りたいです

教師が一方的に重さの情報を伝えるのではなく，子どもたちが欲しい重さの情報を与えるようにする。

箱1個の重さは言わないようにする。

3 4つの箱それぞれの重さは何g かな

A＋B＋C＋Dは1000で

A＋B＋Cが900だからDが求められるよね

2で得た情報をもとに考える時間を設ける。なかなか考えることができない子は，実際に3つの箱の絵をかかせ，そこに数値を書き込ませることで関係に気付かせていく。

10 小数

11 重さ

12 分数

13 □を使った式

14 2桁のかけ算

15 倍の計算

16 二等辺三角形・正三角形・角

17 表とグラフ

18 そろばん

19 3年のまとめ

本時の評価

・2つの箱の重さ，3つの箱の重さ，4つの箱の重さから箱1個ずつ
の重さを求めることができたか。

準備物

・はかり
・A, B, C, Dの箱（可能な
ら砂などを入れ，それ
ぞれの重さにしておく）

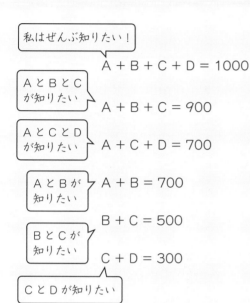

一番重たいのは、

○ $A + B + C + D = 1000$
  $A + B + C = 900$
  だから D は $1000 - 900 = 100$

○ $C + D = 300$
  だから C は $300 - 100 = 200$

○ $B + C = 500$
  だから B は $500 - 200 = 300$

○ $A + B + C = 900$
  $B + C = 500$
  だから A は $900 - 500 = 400$

A 400g、B 300g、C 200g、D 100g

答え　A

4 どうして A が一番重たいのかな

 A が一番重たいです

 なぜなら……

最初に，「一番重たい箱が A」ということを
明らかにしてから，考え方を話し合っていくこ
とで，話していく内容を焦点化することができ
る。

まとめ

2 の活動では，子どもたちが欲しい情報
を与えていくが，情報が不足しており考え
ることが難しい，もしくは解決することが
できない場合もある。その場合も教師の方
から提示をするのではなく，3 の活動など
で子どもたちが気付いたときに，情報を提
示していくようにする。そうすることで，
データの必要性などを実感できる。

本時案

グラフをかき直そう！

授業の流れ

1 棒グラフが分からなくなりました

えー！

分かったことをもとに考えよう

　「棒グラフを見て，つばさ君は分かったことを書きました。しかし，その棒グラフに墨をこぼしてしまい，棒グラフの一部が分からなくなりました。分かったことをもとに棒グラフをかき直しましょう」
　と問題を伝える。かき直すためには，どのようなことを知りたいのかを子どもたちに聞く。

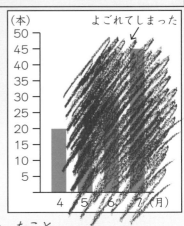

○月□日（△）

ぼうグラフでかき直そう。

よごれてしまった

わかったこと
・5月は4月より5さつ少ない本の数
・6月は5月の2倍の本の数
・7月は5月と6月をあわせた本の数

2 棒グラフをかき直そう

4月が20冊だから5月は15冊

6月は5月の2倍だから…

　「つばさ君が分かったこと」を提示し，棒グラフをかき直す。
　5月，6月，7月の本の数を求めて書く。グラフに直すようにする。

3 本を読むようになったのは1組と2組のどっち？

1組の方が見た目は増えてるよ

何冊増えたかで見ると…

　2組の棒グラフを提示し，「4月と7月とを比べて，本を読むようになったのは1組と2組のどっち？」と問題を伝え，考える時間を設ける。

10	小数
11	重さ
12	分数
13	□を使った式
14	2桁のかけ算
15	倍の計算
16	二等辺三角形・正三角形・角
17	表とグラフ
18	そろばん
19	3年のまとめ

本時の評価

・グラフをかき直すことができたか。
・グラフを比較し，横軸の設定の仕方によって，グラフの見え方が変わることを理解することができたか。

準備物

・棒グラフをかくための表

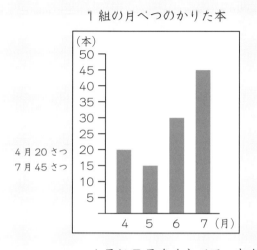

1組の月べつのかりた本

（本）
50
45
40
35
30
25
20
15
10
5

　4　5　6　7（月）

4月 20さつ
7月 45さつ

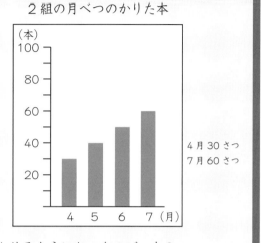

2組の月べつのかりた本

（本）
100

80

60

40

20

　4　5　6　7（月）

4月 30さつ
7月 60さつ

4月と7月をくらべて、本をかりるようになったのどっち？

・見た目は1組 ← 横の数ちがちがう
・でも、本のさつ数は2組の方が多い。
・1組は2倍い上　　2組は2倍
・1組は25さつ、2組は30さつふえた。

4 見方が変わるんだね

横軸が5か20かで違うよ

見た目が変わってくるね！

　棒グラフの横軸の設定の仕方によって，グラフの見え方が変わることを確認する。

　答えは1組の場合は倍，2組の場合は冊数に着目して話をすることができていればどちらでもよい。

まとめ

　通常は「表からグラフをかき，分かったことを明らかにする」という流れであるが，「分かったこと→グラフをかく」という流れで行い，これまでの学習の復習に取り組む。

　子どもに限らず大人でも，グラフの見た目で判断してしまい，騙されてしまうことがある。授業後半では，グラフ同士を比較し，棒グラフを注意深く読み取ることをねらいとしている。

本時案

音読発表会の
並び方を決めよう

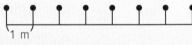
(4/4)

・1列に並んだ数と間の数の関係を考えて問題を解決することができる。

授業の流れ

1 8×1なの？1×8なの？

どっちだったっけ？

8のかたまりが1個？

違うよ。1mが8人分だよ

　問題を書き写している途中で聞こえる「8」というつぶやきを取り上げ，かけ算の順番を話題にする。ここで「そこが問題ではないのに…」という子どもの様子を見とり，間の数に着目できているかどうかを判断する。実態に応じて2問目の数値設定を変えることなどが考えられる。

○月□日（△）

音読発表会のならび方

　1列目には8人ならびます。
　となりの人との間を1mあけると，はしからはしまで何mでしょう。

どっちが正しい？　　　8×1=8
・8が1こ？
・1mが8人分　　　　　1×8=8
　　　　　　　　　　　　　8m
おかしいよ！7mだよ！

はしからはしまで8人がならぶと

1m

はしからはしまで7m

8 −①= 7
1 × 7 = 7　　　　　　　　　7m

2 3mじゃなくて2mだよ

3mじゃないの？

1列目と3列目の間は2mしかないよ

図に表すことはできるかな？

　2問目。1問目で7mだと思っていた子どもはもちろん，8mだと思っていた子どもであっても「3mではなくて2m」という反応があれば，立ち止まることができる。ここで「分かりやすいように黒板にかける？」と言い，図に表そうとする姿を引き出すことが大切である。

3 −1の「1」って何？

1m分引くってことかな？

間の数を求めないといけないから，1引かないといけない

　2問目で場面のイメージが湧き正答できれば，1問目が誤答のままであったとしても気付くことができる。図や式によって誤答を正せたところで式の1について考えさせることが大切である。「隣の人に聞いてごらん」と言い，ペアで考えさせることも有効である。

<table>
<tr><td>10
小数</td></tr>
<tr><td>11
重さ</td></tr>
<tr><td>12
分数</td></tr>
<tr><td>13
□を使った式</td></tr>
<tr><td>14
2桁のかけ算</td></tr>
<tr><td>15
倍の計算</td></tr>
<tr><td>16
二等辺三角形・正三角形・角</td></tr>
<tr><td>17
表とグラフ</td></tr>
<tr><td>18
そろばん</td></tr>
<tr><td>19
3年のまとめ</td></tr>
</table>

本時の評価

・1列に並んだ人数と間の数を図や式に表すことができたか。

> 板書中央を開けて2問を提示する。
> （中央は授業後段で使用）

はしからはしまでを求めるときは、
・まちがえやすいから、図に表して
　考える。
・図をかくと、間の数がわかる。
・ならんだ人数から−1する。
・間の数を求める。

−1の「1」って何？

・ならんだ数からひく数。

・ならんだ数より間の数は1小さい。

・間の数をもとめるためにひく数。

列は全部で3列にします。列と列の
間を1mあけると、1列目から3列目
まで何mでしょう。

$1 \times 3 = 3$

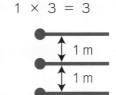

3mもないよ。
2mだよ

1列目と3列目の
間は2つしかない

式にすると

$1 \times 2 = 2$　　　$1 + 1 = 2$

$3 - ① = 2$

1列目と
2列目の間

2列目と
3列目の間

3列

<u>2m</u>

4 端から端までを求めるときは？

図にかくと間違え
ないよ

並んでいる人数から
1を引いて間の数を
求めればいいんだね

　最後まで残していた黒板中央上部に「はしからはしまで求めるときは」と板書し、この続きを子どもに考えさせることでまとめを自分でつくらせることが大切である。並んだ数から間に着目しようとしている言葉を価値付けられるようにする。

> **まとめ**
>
> 　本時は、間の数に着目して考えることが最大の目標である。よって「間の数を考えよう」等のめあては提示せず、間の数に着目しないといけないことを、子どもが自ら発見できるよう展開する。
> 　1問目を誤答のまま次に進むのは、本時内で必ず誤答に気付かせられるからであり、それが子どもにとって「間の数に着目することの大切さ」に気付く仕掛けになるからである。授業のまとめは子ども自身の言葉でまとめさせたい。

全12巻単元一覧

第1学年 ■ 上
1 なかまづくりとかず
2 なんばんめ
3 たしざん(1)
4 ひきざん(1)
5 ながさくらべ
6 せいり（表とグラフ）
7 10より大きいかず
8 とけい
9 3つのかずのけいさん
10 かさくらべ・ひろさくらべ

第2学年 ■ 上
1 表とグラフ
2 たし算
3 ひき算
4 長さ
5 1000までの数
6 かさくらべ
7 時こくと時間
8 三角形と四角形

第3学年 ■ 上
1 かけ算
2 時こくと時間
3 わり算
4 たし算とひき算の筆算
5 長さ
6 あまりのあるわり算
7 大きな数
8 かけ算の筆算
9 円と球

第1学年 ■ 下
11 たしざん(2)
12 かたちあそび
13 ひきざん(2)
14 大きなかず
15 たしざんとひきざん
16 かたちづくり

第2学年 ■ 下
9 かけ算(1)
10 かけ算(2)
11 1000より大きい数
12 長い長さ
13 たし算とひき算
14 分数
15 はこの形

第3学年 ■ 下
10 小数
11 重さ
12 分数
13 □を使った式
14 2桁のかけ算
15 倍の計算
16 二等辺三角形・正三角形・角
17 表とグラフ
18 そろばん
19 3年のまとめ

第4学年 ■ 上
1 大きな数
2 折れ線グラフ・資料の整理
3 わり算の筆算
4 角
5 2桁でわるわり算
6 倍の見方
7 垂直・平行と四角形
8 概数

第5学年 ■ 上
1 整数と小数
2 体積（直方体・立方体）
3 変わり方
4 小数のかけ算
5 小数のわり算
6 合同な図形
7 図形の角
8 整数の性質（偶数・奇数，倍数・約数）
9 分数と小数，整数の関係

第6学年 ■ 上
1 対称な図形
2 文字と式
3 分数と整数のかけ算・わり算
4 分数と分数のかけ算
5 分数と分数のわり算
6 比とその利用
7 拡大図・縮図
8 円の面積
9 立体の体積

第4学年 ■ 下
9 小数，小数のたし算とひき算
10 式と計算
11 分数
12 変わり方
13 面積
14 小数のかけ算・わり算
15 立方体・直方体

第5学年 ■ 下
10 分数のたし算とひき算
11 平均
12 単位量当たりの大きさ，速さ
13 面積
14 割合
15 帯グラフと円グラフ
16 正多角形と円
17 角柱と円柱

第6学年 ■ 下
10 比例と反比例
11 場合の数
12 資料の整理
13 6年のまとめ
14 中学との接続

板書で見る全単元・全時間の授業のすべて
算数 小学校 3 年下
～令和 2 年度全面実施学習指導要領対応～

2020（令和 2）年 8 月23日　初版第 1 刷発行
2023（令和 5）年 6 月30日　初版第 2 刷発行

監　　修：田中　博史
編　　著：尾﨑　正彦
企画・編集：筑波大学附属小学校算数部
発 行 者：錦織　圭之介
発 行 所：株式会社東洋館出版社
　　　　　〒101-0054　東京都千代田区神田錦町 2 丁目 9 番 1 号
　　　　　　　　　　　コンフォール安田ビル 2 階
　　　　　代　　表　電話 03-6778-4343　FAX 03-5281-8091
　　　　　営 業 部　電話 03-6778-7278　FAX 03-5281-8092
　　　　　振　　替　00180-7-96823
　　　　　Ｕ Ｒ Ｌ　https://www.toyokan.co.jp

印刷・製本：藤原印刷株式会社

装丁デザイン：小口翔平＋岩永香穂（tobufune）
本文デザイン：藤原印刷株式会社
イラスト：木下淑子（株式会社イオック）
DVD 制作：株式会社 企画集団 創

ISBN978-4-491-04026-4　　　　　　　　　　　Printed in Japan